KB267517

대박주식
쪽박주식

대박주식 족박주식

강병욱 지음

"주가가 이렇게 올랐는데도 나만 수익을 못 내고 있다면
주식을 바라보는 근본적인 시각을 바꿔라"

주가지수 1만 포인트 시대가 열리는가?

이재명 정부가 출범하면서 우리 주식시장이 저평가되었다는 인식으로 주가지수 5천 포인트 시대를 열겠다는 공약을 제시했고, 현재 주가지수가 5천 포인트 위로 올라왔다. 그리고 더 높은 곳을 향해 움직이기 시작했다. 그동안 우리 주식시장은 낮은 배당성향, 낮은 자기자본이익률 그리고 끊임없이 이루어지는 주가조작 사태 등으로 제대로 된 평가를 받지 못하고 있었다는 것이 새로 들어선 정부의 인식이었다.

그래서 주가조작을 하면 패가망신이란 생각이 들게끔 제도를 개선하고 배당성향을 높이기 위해 배당소득 분리과세율을 당초보다 낮추면서 시장 상승에 대한 기대가 높아지고 있다.

특히 우리 시중 자금이 부동산에 집중된 상태에서 그 돈의 흐름을 주식시장으로 돌리고 이를 동력 삼아 주가지수 5천 시대를 넘어 1만 포인트 시대로 나아가려고 추진하는 상황이다.

누구나 주식투자를 하는 시대

우리나라에서 일반인이 주식투자에 본격적으로 나선 것은 몇 차례 계기가 있었다. 1980년대 말 포항제철(현재 POSCO, 1988년)과 한국전력(1989년)을 국민주로 지정해, 일반 국민에게 주식을 매각한 것이 처음이었다. 이때 국민주 열풍으로 주식이 무엇인지도 모르는 일반인이 주식시장으로 몰려들었다.

1998년 IMF 외환위기를 거치는 동안 우리나라 주식을 매수하자는 캠페인을 벌인 현대증권 주도로 나타난 바이코리아(Buy Korea) 열풍도 있었고, 2003년 이후 나타난 부자 되기 운동의 일환이었던 적립식펀드 열풍 때도 주식시장으로 새로운 투자자들이 몰려들었다.

가장 최근에는 2020년 코로나19 팬데믹 이후 나타난 동학개미운동 등을 거치면서 우리나라 주식투자인구는 폭발적으로 늘어났다. 그 결과 요즘은 주위에서 주식투자를 하지 않는 사람들이 오히려 이상하게 느껴질 정도로 주식투자는 우리 생활 깊숙이 들어와 있다.

얼마나 많은 사람들이 주식투자를 하고 있을까? 경제활동인구는 15세 이상 인구 중 수입이 있는 일에 종사하고 있거나 취업하기 위해 구직활동 중에 있는 사람들을 말한다. 그 경제활동인구 대비 주식을 소유한 사람들의 비중을 살펴보면 다음과 같다.

대체로 우리나라 경제활동인구는 2,800만 명대를 유지하고 있다. 그리고 12월 결산법인들의 주식을 소유하고 있는 주식소유인구는 해마다 증가해서 2022년 기준 경제활동인구의 49.8% 수준인 1,440만 명에 이른다. 이 말은 경제활동인구 2명 중 1명은 주식투자를 하고 있다고 봐도 무방하다. 물론 이 데이터가 주식투자인구 비중을 정확히 나타내는 것은 아니다. 왜냐하면 15세 미만인 소아청소년도 주식을 보유하고 있기 때문이다. 하지만 국가 전체로 보면 평균적으로 그렇다는 말이다.

부동산보다는 주식투자가 대세가 된다

우리 국민들은 지금까지 부동산 불패 신화를 경험해 왔다. 부동산 불패 신화란 부동산을 보유해서 한 번도 실패한 적 없이 부동산가격은 지속적으로 상승했다는 경험을 말한다. 물론 IMF 외환위기와 미국발 금융위기를 거치는 동안에는 잠시 하락국면을 맞이하기도 했었지만, 장기추세는 상승해 왔다.

우리나라에서 부동산가격이 지속적으로 오른 이유는 모두가 알고 있는 바와 같이 대부분의 가계자산이 부동산에 편중되어 있기 때문이다. 부동산가격이 떨어지면 민심이 사나워지고 이를 달래기 위해 반복하여 부동산 부양 정책을 사용한 결과다. 부동산가격이 지나치게 떨어지든지 그렇지 않으면 가격이 지나치게 올라가도 정권의 명운이 달라지는 경험을 통해 부동산은 결국에는 오른다는 믿음이 자리 잡은 것이다.

대체로 우리나라의 경우 가계의 전체 보유자산 중 실물자산 비중이 75% 정도 되고 금융자산의 비중이 20%대 초반에 머물고 있다. 그만큼 가계의 자산은 부동산에 편중되어 있다.

그러나 인구의 노령화를 넘어 인구감소의 시기에 접어들면 부동산에 편중된 자산 구성은 금융자산의 비중이 늘어나는 방향으로 전환될 가능성이 크다. 특히 주식 등 금융투자자산의 비중이 커질 가능성이 큰데, 그 이유는 주요 선진국의 가계자산 비중을 보면 알 수 있다. 금융투자협회에서 집계한 미국, 일본, 영국, 호주 등 주요국의 가계자산 중 금융자산 비중은 각각 71.5%, 63.0%, 53.8%, 38.8%로 집계되고 있다. 이와 같이 앞으로 우리 사회는 부동산투자보다는 주식투자로 자연스럽게 투자패턴이 바뀔 가능성이 크다는 것은 해외 사례에서도 확인해 볼 수 있다.

부동산에서 주식으로 머니무브가 필요한 이유

우리는 이미 초고령사회로 진입했다. 초고령사회를 살아가기 위해서는 가계의 현금유동성이 필요하다. 부족한 연금으로 살아가는 것이 어려워지는데, 가진 것의 대부분이 부동산에 집중된 자산구조라면 기본적인 생활이 어려워지는 것은 불을 보듯 뻔히 보이는 상황이 될 것이다.

그래서 이재명 정부에서는 가계자산구조를 부동산 중심에서 금융자산 중심으로 재편하려는 시도를 하는 것으로 이해한다. 혹자들은 부동산가격이 하락해서 자산구조가 바뀌는 것으로 생각하는 사람들이 있지만, 그보다는 투자의 대상을 부동산에서 주식 등 금융자산으로 바꾸는 것인데, 부동산가격은 유지하되 금융자산의 가격이 상승해서 비중을 맞추는 방법도 있다. 이런 필요성은 부동산가격의 하락이 국민경제를 파국으로 몰고 갈 수도 있기 때문에 연착륙을 유도해야 한다.

가계가 적정 수준의 유동성을 확보하고 있으면 초고령사회에 진입해서도 소비부족 현상이 나타나지 않게 된다는 점이 중요한 포인트다. 부동산에서 주식시장으로 머니무브가 필요한 이유다.

주가지수 1만 포인트가 되기 위한 조건

최근 우리 주식시장 동향은 일부 반도체 관련주와 방위산업 관련주 그리고 조선주를 중심으로 급등세를 보이면서 5천 포인트 시대를 열었다. 그리고 더 크게 1만 포인트를 향해 가는 것은 아닌가 하는 흥분 상태에 있는 것이 사실이다. 그러나 주식시장은 경제의 기초체력인 펀더멘탈을 따라간다. 그동안 저평가된 상황이었던 것은 분명해 보이나 급등세를 보이는 것은 시장을 위해서나 투자자를 위해서도 결코 좋은 일은 아니다.

급등한 시장이 반드시 급락하는 모습을 보였던 것은 과거 사례에서도 수없이 봐왔던 상황이다. 또한 급등한 시장은 투자자들에게 조급증을 일으키게 해서 잘못된 투자로 몰고 갈 가능성도 있다. 따라서 주가 움직임 차원에서는 급한 상승보다는 조정 이후 완만한 상승을 이어가야 더 탄탄한 주가지수 5천 포인트 시대를 열 수 있다.

그리고 우리 시장의 많은 위험 요소 가운데 가장 눈에 띄는 것은 원화 약세가 너무 가파르게 진행되고 있다는 점이다. 1달러 1,200원 선을 장기적으로 유지하던 우리 외환시장은 현재 1달러 1,400~1,500원 사이에서 움직이고 있다. 원화가 약세를 보이는 것은 외국인 자금이 우리 시장에 적극적인 투자를 하는 것을 가로막는 변수가 된다. 보다 활성화된 주식시장이 되기 위해서는 원화 약세 국면이 해결되어야 한다. 아마도 한-미 간 금리역전 상태가 40개월 이상 이어지면서 뉴노멀이 된 것도 원화 약세의 원인이라면 적절한 금리조절도 필요한 상황으로 판단된다.

또한 최근 일련의 부동산 수요 억제 대책으로 인해 부동산시장의 매매가 얼어붙은 것도 좋은 신호는 아니다. 단기적으로 투자위축이 될 수는 있겠지만 부동산시장의 매매 활성화는 부동산에서 주식시장으로 자금 흐름이 바뀌는 중요한 통로가 될 수 있다.

투자 대상이 부동산에서 주식시장으로 바뀌는 과정에서의 머니무브도 필요하고, 또 기존 여러 채를 소유한 부동산투자에서 자산 구조조정을 통해 불필요한 부동산을 팔고 그 자금으로 기대수익률이 더 높은 주식시장으로 돈을 돌리는 머니무브도 필요하다.

결국 주가가 상승하기 위해서는 수급상 매수세가 강하게 유입되어야 한다. 매수세는 환율 안정을 통해 외국인들의 수급을 부르고, 또 부동산 자산 구조조정을 통해 내국인의 수급이 주가를 부양할 수 있을 때 장기적으로 안정적인 주식시장의 대세 상승이 가능해지리라 기대한다. 이런 조건들이 맞아 들어갈 때 우리는 주식시장이 5천 포인트를 넘어 새로운 자릿수를 갱신하는 모습을 볼 수 있을 것이다. 점진적인 머니무브를 기대하는 이유다.

다시 보기 어려운 강세장에서 돈을 버는 법

주식시장이 강하게 움직인다고 해서 모두가 돈을 버는 것은 아니다. 제대로 된 투자를 해야 돈을 벌 수 있다. 우리 투자자들이 버려야 할 투자습관과 반드시 실천해야 할 투자습관을 알아야 성공투자에 이를 수 있다. 그리고 제대로 된 습관을 바탕으로 어떤 종목을 사야 하고 또 피해야 하는지를 알아야 수익을 창출할 수 있다.

『대박주식 쪽박주식』은 처음 투자를 시작하는 사람들은 물론이고 이미 투자를 하고 있지만, 제대로 된 수익을 얻은 적이 없는 투자자들에게 올바른 투자의 길을 열어줄 나침반이 되리라 믿는다. 너무 많은 투자 원칙과 종목 선정 방법을 나열하는 것은 오히려 투자에 방해요소가 될 수 있다. 따라서 해서는 안 될 습관과 반드시 지켜야 할 투자 자세를 각 5개씩 제시하고, 사서는 안 되는 종목 유형과 시장에서 반드시 찾아서 투자해야 하는 종목 유형을 각 10개씩 제시했다.

35년이 넘는 시간 동안 시장에서 경험과 연구를 통해서 얻은 결실을 독자들과 나누고자 한다.

이 책이 나오기까지 많은 노력을 기울여주신 (주)글로벌콘텐츠출판그룹 관계자 분들에게 감사의 인사를 전한다. 많은 투자자가 코스피 5,000을 넘어 10,000포인트를 향하는 시대에 부자가 되기를 희망한다.

경영학박사 강병욱

차례

프롤로그 • 4

제1장   제발 이것만은 하지 맙시다

1. 능력도 없이 저지르는 뺑뺑이 매매 • 19

2. 수익은 잘라먹고, 손실은 키우는 매매 • 26

3. 분산투자가 아닌 방치하는 매매(백화점식 계좌 현황) • 34

4. 우연한 성공을 실력으로 아는 매매 • 41

5. 남의 돈 무서운 줄 모르는 매매(신용, 미수, 주식담보대출 매매의 폐해)
   • 48

제2장   이런 종목은 쪽박주식

1. 테마에 편승한 헛된 꿈을 주는 주식 • 60

2. 중국에 밀리면 끝 · 67

3. 제3자배정으로 기업을 팔아먹는 회사 · 74

4. 겉보기엔 좋으나 돈을 벌지 못하는 기업 · 81

5. 회사의 자원을 함부로 쓰는 기업 · 88

6. 분식회계를 일삼는 기업 · 95

7. 진입장벽이 낮은 산업에 있는 기업 · 103

8. 과잉 생산설비를 보유한 기업 · 110

9. 이름을 자주 바꾸는 기업 · 116

10. 주주이익을 무시하는 기업 · 122

제3장　이런 종목은 대박주식

1. 독점이나 과점시장에서의 승자 주식(통신주, 공기업 주식 등) · 133

2. 시가총액이 큰 종목은 늘 관심의 대상 · 140

3. 모기업에서 분리 독립된 기업 · 146

4. 소비자 독점으로 사람들이 꾸준히 사는 물건을 파는 기업 · 152

5. 경제적 부가가치를 많이 창출하는 기업 · 159

6. 사람들에게 반드시 필요한 서비스를 제공하는 기업 · 165

7. 3세, 4세에게 승계하기 위한 핵심 징검다리 기업 · 171

8. 그들만의 왕국 지주회사 · 178

9. 사업 구조조정에 성공한 기업 · 185

10. 멋진 스토리를 만들 수 있는 기업 · 192

제4장　이렇게 투자해 봅시다

1. 수익을 크게 내는 방법: 무릎에 사서 어깨에 판다는 말의 진의 · 201

2. 인류가 생각해 낸 최고의 투자법: 적립식 투자 · 207

3. 종목에 자신 없는 사람들의 최고 종목 ETF · 213

　1) ETF 투자가 유리한 점 · 213

　2) ETF 투자 전략 · 219

　3) 월배당 ETF 투자법 · 221

4. 성공적인 포트폴리오 구성 방법 · 223

　1) 경제 상황에 맞는 포트폴리오 구성 · 223

　2) 글로벌 유동성 장세가 벌어질 때의 포트폴리오 · 228

5. 세대별 투자법 · 230

　1) 2030의 투자법: 위험을 부담하고 수익을 높이는 투자를 하라 · 231

　2) 4050의 투자법: 안정적인 관리가 가능한 투자를 하라 · 233

　3) 은퇴자의 투자법: 유동성을 높이는 투자를 하라 · 234

제5장 대세 상승기에 놓치기 쉬운 투자법

1. 니프티-피프티(Nifty-Fifty) 현상을 알아야 한다 • 241
2. 정부 정책에 역행하는 투자를 해서는 안 된다 • 250
3. 결국 수급이 모든 것을 결정한다 • 255
4. 주식은 불안의 벽을 타고 올라간다 • 260
5. 주가 상승기에 더욱 기승을 부리는 주식 리딩방 • 264

에필로그 • 270

제1장

제발 이것만은 하지 맙시다

아무리 좋은 보약도 몸에 맞아야 효과를 본다. 그리고 아무리 좋은 주식을 샀다고 하더라도 수익을 낼 수 있어야 진짜 좋은 주식이 된다. 삼성전자는 누가 뭐라 해도 우리나라에서 가장 좋은 주식이다. 그러나 삼성전자를 사서 매번 손해만 본다면 그 주식은 내 입장에서는 좋은 주식이 되지 못한다.

주식투자로 수익을 내는 일은 쉬운 일이 아니다. 왜냐하면 주식투자의 기대수익률은 마이너스가 되기 때문이다. 즉, 보통의 사람이 장기간 현재의 투자행태를 유지하면 완만하게 손해를 보게 되는 것이 바로 주식투자의 수익구조다. 주식투자의 기대수익률이 마이너스가 되는 이유는 앞으로 이야기를 진행하면서 밝혀보기로 한다. 그만큼 주식투자로 성공하는 것은 어렵다.

아무리 어려운 일이라도 성공하는 사람은 있다. 우리는 성공투자의 방법을 알아야 주식투자로 돈을 벌 수 있다. 문제는 그 방법을 알아도 잘못된 습관을 가지고 있으면 성공하기 힘들다. 돈 버는 방법을 익히는 것도 중요하지만 그 전에 나쁜 습관을 없애는 것이 우선이다.

특히 주식으로 재미를 보지 못한 투자자들을 보면 잘못된 습관이 너무도 많다. 그러나 그것을 일일이 지적하는 것은 공허한 잔소리에 지나지 않을 것이다. 해서 이번 장에서는 이것만은 절대 하지 말았으면 하는 잘못된 습관 다섯 가지를 소개한다. 이것만 하지 않아도 절반은 성공할 수 있다고 믿어 의심치 않는다.

1. 능력도 없이 저지르는 뺑뺑이 매매

주식시장이 불같이 상승하는 시기에도 수익이 잘 나지 않는 사람이 있다. 이는 수익이 성에 차지 않는다는 뜻이 아니라, 실제로 종합주가지수가 상승하는 것을 전혀 따라잡지 못하는 투자자들을 말하는 것이다.

그냥 ETF를 사서 가만히 두며 시장 평균만 따라가도 훌륭한 성과를 낼 수 있다는 사실은, 많은 투자자가 스스로 돌아봐야 할 대목이다. 우리 주식시장은 5년이나 10년 정도의 주기로 큰 장이 선다. 큰 장이란 종합주가지수가 크게 올라가는 시장을 말한다. IMF 외환위기가 발발했던 1997년 이후 우리 시장에서 나타난 소위 큰 장을 살펴보면 다음과 같다.

첫 번째 큰 장은 IMF 외환위기 이후 급락했던 시장이 위기 극복 차원에서 불어닥친 바이코리아 열풍에 따른 상승이었다. 1998년 이후 약 2년간 이어진 상승장에서는 종합주가지수 수익률이 279%에 달했다. 그리고 두 번째로 맞이한 상승장은 2003년부터 불어온 중국의 경기회복과 맞물려 나타난 적

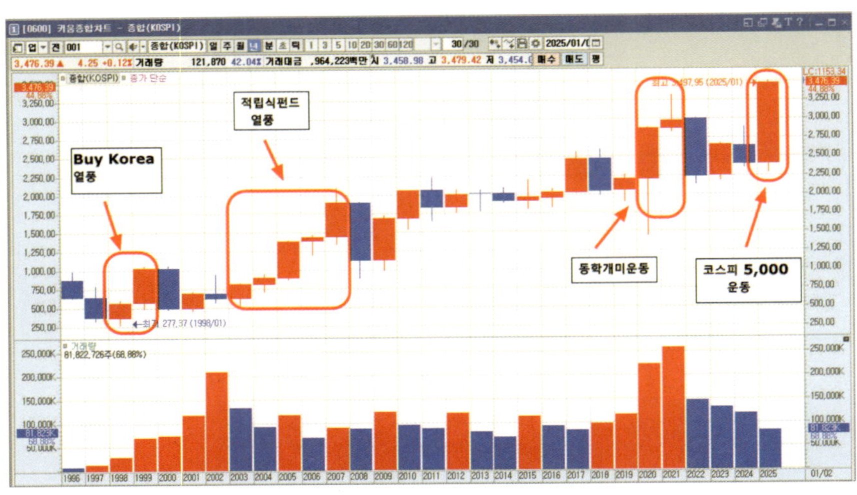

종합주가지수 연봉

출처: 영웅문

립식펀드 열풍 때였다. 이때는 약 5년간 강세장이 나타났는데 수익률은 종합 주가지수 기준으로 307%나 되었다. 5년 정도의 강세장이 나타나면 많은 투자자가 행복한 수익률을 얻었을 것 같지만 그 속을 살펴보면 일시적으로 큰 돈을 벌었다고 하더라도 이내 까먹는 사람이 많았다.

그리고 세 번째 나타난 시장은 2020년에 전 세계를 강타한 코로나19 팬데믹 시대에 있었던 동학개미운동 때였다. 당시는 저금리에 지친 투자자들이 예금과 적금을 해약하면서 주식시장에 들어왔다. 2020년에서 2021년까지 2년 정도의 짧은 기간 동안 인상적인 상승이 있었는데 종합주가지수 기준으로 130%의 상승이 나타났다. 그리고 2025년 우리는 새로운 코스피 5,000 프로젝트 시대를 맞이했다. 개인적인 생각으로는 이번 시장은 보다 크게 장기간 우상향으로 움직일 가능성이 높다. 그러나 과연 투자자들이 수익을 낼 수 있을지는 미지수다.

개인투자자들이 큰 장에서 수익을 내지 못하는 상황을 조사분석한 자료가 있다. 2022년에 발간된 자본시장연구원의 보고서 「국내 개인투자자의 형태적 편의와 거래형태」의 내용을 보면 개인투자자들이 수익을 내지 못하는 이유가 자세히 나와 있다.

코로나19 팬데믹 때 우리 주식시장에서는 동학개미운동이 벌어졌다. 당시 얼마나 큰돈이 움직였는지 살펴보면, 2020년 3월부터 2021년 2월까지 약 1년간 주식시장으로 87조 원이라는 어마어마한 돈이 쏟아져 들어왔다. 이는 우리 주식시장이 문을 연 이래 가장 많은 자금이 흘러들어온 사건이었다.

자본시장연구원의 조사에 따르면 2020년 3월부터 그해 10월까지 약 20만 명의 계좌를 대상으로 조사를 했다. 이 중 70%는 기존 투자자였고 나머지 30%가 그 시기 새롭게 계좌를 개설한 신규 투자자 즉, 초보개미들이었다. 이들의 같은 기간 중 수익률을 살펴보면 다음 표와 같다.

조사 기간 중 계좌수익률

시장 상승률 68.04%	전체	기존 투자자	신규 투자자
거래비용 제외 전 수익률	18.4%	18.8%	5.9%
거래비용 제외 후 수익률	14.4%	15.0%	−1.2%

같은 기간 종합주가지수 상승률은 68.04%인데 개인투자자들 전체의 수익률은 거래비용을 제외하기 전에 18.4%, 거래비용을 빼면 14.4%만 수익을 올

렸다. 투자자별로 기존 투자자와 신규 투자자를 구분해서 보면 그나마 기존 투자자들은 각각 18.8%와 15.0%의 수익을 올린 반면 신규 투자자는 그 성과가 훨씬 낮아서 거래비용을 제외하기 전에 5.9%, 거래비용을 빼면 오히려 1.2%의 손실을 본 것으로 조사된 것이다. 사실 기존 투자자의 수익률을 계산할 때 매수가격이 아닌 조사시작일의 주가를 기준으로 조사한 것이라면, 이는 투자자가 수익을 낸 것이 아니라 단지 이전 손실이 일부 회복되었을 가능성도 배제할 수 없다.

이 조사는 일정 기간만을 대상으로 조사했지만 나머지 기간도 대체로 비슷한 형태의 수익률을 보였을 가능성이 크다고 본다. 그러면 개인투자자 특히 신규 투자자들은 왜 이렇게 수익이 낮게 나타난 것인지 그 원인을 연구보고서에 담았는데 그 내용을 요약해서 투자자들이 알기 쉽게 설명해 본다.

첫 번째, 너무 잦은 매매를 하기 때문이다. 개인투자자들 중 신규 투자자들이 더 잦은 매매를 하는데 이는 주식시장에 대해 지나친 자신감을 갖고 있기 때문이다. 즉, 본인이 종목을 골라서 투자하면 절대 손해 보지 않을 것이란 생각으로 시장에 뛰어들었지만, 수익률이 떨어지면 곧장 종목을 갈아타는 등의 매매를 하는 것이다.

이는 극소수의 고도로 훈련된 단기매매자(Scalper)들을 제외하면 성공가능성이 거의 없는 매매법이다. 한번 사고팔 때마다 물어야 하는 수수료와 거래세는 낮은 수준으로 보이지만, 이것이 누적되면 엄청난 부담이 되는 것이다. 수수료와 세금을 합해서 한번 사고팔 때 약 0.2%의 비용이 발생한다. 만약 매일 한 번씩 사고팔면 1주일이면 1%, 한 달이면 4%, 1년이면 48%의 거래비용이 발생하는 셈이다. 이 말은 연 48%의 수익을 내야 본전이 된다는 것이다. 너무 잦은 매매는 수익률 관리를 어렵게 한다.

두 번째, 수익이 잘 나고 있는 주식은 냉큼 팔고, 손실이 나는 종목은 꼭 쥐고 있는 매매습관이다. 원래 투자는 손실이 나는 종목을 과감하게 팔고, 수익이 나는 종목은 보유하고 가는 것이 기본이다. 그러나 일반투자자들이 저지르는 가장 큰 잘못은 수익이 나는 종목을 너무 일찍 팔아버리고, 손실이 나는 종목을 방치하면서 수익률 관리를 잘하지 못하게 된다.

그 이유를 전문가들은 손해가 난 주식을 매도함으로 손실을 확정짓는 것이 너무 가슴 아픈 일이라 그런 것이라고 설명한다. 즉, 100만 원을 벌었을 때의 기쁨보다 100만 원을 잃었을 때의 아픔이 2배나 크다는 것이 정설이다. 너무 가슴이 아플까 봐 매도를 못 하면 손실을 키우게 된다.

세 번째, 로또복권과 같은 주식을 선호하는 현상이 크게 나타난다. 원래 주식투자는 기업을 사는 것이다. 기업을 산다는 것은 가치 있는 주식을 골라서 사야 하는데 실제로 주식투자를 해보면 그런 마음은 사라지고 한 번에 큰 수익을 기대하면서 기업 내용이 허접스러운 복권형 주식에 손을 대는 사람이 많다.

복권이란 당첨 확률은 매우 낮지만 당첨만 되면 큰돈을 만질 수 있는 주식을 말한다. 그러나 적자가 나는 기업, 작전형 기업 등 평소에는 무서워서 다가가지도 못하는 기업을 주식으로는 아무런 거리낌 없이 사고파는 동안 투자자들의 계좌는 멍들어 가게 된다.

네 번째, 투자자들이 종목을 고를 때 많은 사람들이 검색을 하는 종목을 중심으로 사기 때문이다. 이런 행동은 투자자들이 레밍이란 쥐와 같은 행동을 한다는 것으로 이미 증명된 내용이다. 레밍은 제일 앞서서 뛰어가는 놈이 절벽에서 물로 뛰어들면 영문도 모르고 같이 뛰어들어 집단으로 죽어가는 행동을 말한다. 이를 군집행동이란 어려운 말로 포장하는데, 대부분의 투자자도 이런 군집행동을 하면서 주식을 매입하는 경우가 많다.

앞에서 말하는 네 가지는 연구자들이 보고서를 쓰기 위해 뽑아낸 것이지만, 실제로는 수백 가지의 잘못된 행동을 지적할 수 있다. 그러나 그중 가장 큰 문제로 보는 것은 바로 투자에 대해 아는 것도 없는 사람들이 무슨 자신감인지 주식을 마구 사고파는 행위라고 본다. 시장에서는 이런 매매를 '뺑뺑이 돌린다'고 말한다.

일반투자자들이 뺑뺑이를 과감하게 하는 것은 자신을 지나치게 과신하는 데서 나오는 행동이다. 이런 자기과신의 근거는 바로 너무 많은 정보가 우리 손에 있기 때문이다. 경제정보는 물론이고 종목에 대한 정보, 투자 전략에 대한 정보 등 마음만 먹으면 다 읽어보지도 못할 정도의 정보가 내 손안에 있는 모바일에서 검색이 가능하다. 그런 고급정보를 가지고 있다고 생각하니까 자기과신 속에서 뺑뺑이를 돌리게 된다.

그러나 정보경제학적인 측면에서 정보의 가치를 따져볼 필요가 있다. 정보의 가치는 차별성에서 나온다. 즉, 내가 가진 정보와 다른 사람이 가진 정보가 서로 달라야 가치가 있다. 만약 내가 가진 정보를 다른 사람도 같이 가지고 있다면 그 정보의 가치는 제로(0)다. 우리는 가치가 없는 정보를 고귀한 정보로 착각하고 뺑뺑이를 돌린다. 그 문제를 해결하지 못한다면 결코 투자에 성공할 수 없다.

지금까지 잦은 매매로 제대로 수익을 내지 못한 투자자이거나 새롭게 시작하는 투자자라면 잦은 매매를 삼가야 한다. 적어도 순이익이 발생하고 그 이익을 바탕으로 배당을 주는 기업을 사서 느긋하게 투자를 하면 적어도 시장 평균 이상의 수익을 얻을 수 있다. 또 앞서 살펴본 바와 같이 우리 시장은 빠르면 5년, 늦어도 10년에 한 번은 큰 장이 선다. 잦은 매매로 수익을 낼 확률보다 느긋한 매매로 수익을 낼 확률이 훨씬 높다.

돈은 서두른다고 내게 오지 않는다. 만약 서둘러서 돈을 벌 수 있다면 새벽부터 움직이는 많은 사람들이 모두 부자가 되어 있어야 한다. 그러나 역설적이게도 새벽에 움직이는 사람들은 일용직 노동자가 많다. 주식은 때를 기다리는 낚시와 같다. 물때와 물고기의 움직임을 기다리듯, 기업 내용이 좋은 주식을 골라 그 종목이 상승할 환경이 갖춰질 때까지 기다려 수익을 얻는 게임이다. 전쟁터에서 먼저 움직이는 자가 총에 맞아 죽는다는 의미를 생각해 본다.

2. 수익은 잘라먹고, 손실은 키우는 매매

"당신은 고등어입니까, 갈치입니까?" 이것은 주식시장에 유행하는 인사말이다. 도대체 고등어와 갈치가 주식시장과 어떤 상관이 있는지 이 인사의 뜻을 알고 나면 서글픈 생각이 들 것이다.

살림을 살아본 사람은 금방 이해하겠지만, 그렇지 않으면 언뜻 이해가 가지 않을 수도 있다. 우리가 어물전 즉, 생선가게에 가서 고등어를 사면 가게 주인이 "어떻게 해 드릴까요?" 하고 물어본다. 그러면 구워 먹을 것인지 지져 먹을 것인지를 말하면 손질을 해주는데 보통 고등어는 반으로 잘라 준다. 그리고 갈치는 크기에 따라 다르지만 제주 은갈치나 목포 먹갈치 정도의 크기면 보통 다섯 토막 정도로 손질을 해준다.

고등어는 계좌가 반토막이 난 것을 말하고, 갈치는 계좌가 1/5토막이 난 것을 말한다. 다시 말해 고등어는 계좌손실이 50%, 갈치는 계좌손실이 80%나 난 것을 빗대서 하는 말이다. 이렇게 크게 손실이 나면 원금회복이 어렵게 된다. 100만 원을 투자했다고 했을 때 원금손실률과 손실금액 그리고 원금이 회복되기 위한 수익률을 계산해 보면 다음과 같다.

손실률과 원금회복을 위한 수익률 예시

원금손실률	100만 원 기준 손실액	계좌잔고액	원금회복수익률
10%	10만 원	90만 원	11.11%
20%	20만 원	80만 원	25.00%
30%	30만 원	70만 원	42.86%
40%	40만 원	60만 원	66.67%
50%	50만 원	50만 원	100.00%
60%	60만 원	40만 원	150.00%
70%	70만 원	30만 원	233.33%
80%	80만 원	20만 원	400.00%
90%	90만 원	10만 원	900.00%

앞에서 농담처럼 주고받았던 인사말 중 고등어가 되었다면 원금을 찾기 위해서는 100%의 수익을 올려야 된다. 그러나 만약 갈치가 되었다면 400%의 수익을 내야 원금이 된다. 이는 손실을 방치했을 때 우리가 겪어야 하는 현실이다.

주식투자의 기본은 "수익은 크게, 손실은 짧게"다. 이 말은 수익이 나는 종목은 그 상승이 한계에 달할 때까지 보유하면서 크게 먹는 것이고, 손실은 손절매 구간을 정해서 정확하게 손절을 하면서 짧게 가져간다는 말이다. 손실을 짧게 끊어야 하는 이유는 앞서 살펴본 것처럼 손실률이 커지면 그만큼 원금회복이 어렵다는 것을 보면 된다.

사실 일생을 통해 주식투자를 하면서 2배 또는 3배 정도의 수익을 내는 사람도 드물다. 이 말은 손실률이 50%를 넘어가게 되면 수익은커녕 원금회복조차 어렵게 된다는 것이다. 그러나 문제는 손절매를 잘하는 사람이 거의 없다는 것이다. 사람들이 손절매를 잘하지 못하는 이유는 그동안 '행동경제학자'들이 너무도 많은 이유를 들어 설명해 놓았다. 그중 몇 가지를 살펴보면 다음과 같다.

첫 번째, 손실회피성향이다. 사람들은 손실을 현실화하는 데 큰 어려움을 느낀다. 2000년도에 노벨경제학상을 받았던 카너먼의 연구에 의하면 100만 원을 잃었을 때의 상실감은 200만 원을 벌었을 때 느끼는 기쁨의 크기보다 크다는 것이다. 즉, 손실에서 느끼는 슬픔이 같은 크기의 이익이 가져다주는 기쁨보다 2배나 크기 때문에 그것을 이겨내지 못해 손절매를 하지 못한다.

두 번째, 본전집착 때문이다. 대부분의 사람들은 본전에 대한 집착이 강하다. 그래서 아무리 시간이 걸려도 들고만 있으면 본전이 될 수 있다는 근거 없는 희망 때문에 손실이 난 종목을 팔지 못한다.

세 번째, 소유효과 때문이다. 소유효과란 내가 가진 물건이 더 값어치가 있어 보이는 심리적 착각이다. 미국에서 실험한 내용이다. 미국 코넬대학교에서 커피 머그잔을 사용해서 소유효과를 따져봤다. 대학생들을 둘로 나눠서 한 그룹에는 코넬대학교 로고가 새겨진 커피 머그잔을 하나씩 주고, 나머지는 아무것도 주지 않았다. 그리고 머그잔을 가진 사람들에게는 얼마에 팔 것인지, 그리고 머그잔이 없는 사람들에게는 얼마에 살 것인지를 물어봤다.

그 결과 머그잔을 파는 사람은 평균 5.25달러를 원했지만, 머그잔을 사려는 사람들의 평균 구매가격은 2.25달러 정도를 제시했다. 같은 머그잔이라도 그것을 가지고 있는 사람이 더 높은 가격을 책정한 것이다. 이것을 소유효과라 한다.

주식도 마찬가지다. 내가 가진 주식은 아무리 악재가 겹겹이 나와도 이해할 수 있고 심지어 악재에도 불구하고 좋은 점만 보인다. 그래서 팔지 못하는 것이다. 그래서 주식시장의 격언 중에 "내가 가진 주식의 가격이 떨어지는 이유를 나만 모른다"라는 말이 있다. 내 주식이 떨어지는 이유를 남들은 모두 잘 알고 있는데 그 이유를 애써 외면하는 나만 그 이유를 모른다는 것이다. 그래서 팔지 못한다. 이렇듯 손실을 짧게 가져가지 못하는 숱한 이유가 있어서 투자자들은 수익률 관리를 잘하지 못하게 된다. 이것은 반드시 극복해야 하는 심리적 오류다.

더 큰 문제는 수익을 잘라먹는 데 있다. 가끔 금융기관 직원들을 대상으로 강의할 때 던지는 질문이 있다. "주식을 샀는데 주가가 올라갔을 때와 주가가 떨어졌을 때 중에서 어느 때 사람들이 더 불안할까요?"라고 질문하면 대부분의 사람들은 입을 다물고 있지만, 소수의 대답자 중에는 주가가 떨어졌을 때가 아닐까 하면서 조심스럽게 대답한다.

그러나 실제로는 그 대답의 반대 상황이 나타난다. 주식을 산 다음 손실이 나면 사람들은 그러려니 한다. 원래 주식은 사고 나면 떨어지는 것이라고 자위를 한다. 손실이 났다 하더라도 어차피 팔 것도 아니라고 생각하며 큰 불안감에 휩싸이지는 않는다.

반대로 이익이 난 경우를 살펴보자. 만약 10% 수익이 나면 사람들 머릿속이 복잡하게 돌아간다. "지금 1년 만기 정기예금 이자율이 2%인데, 10%라면 5년 치 이자가 났다. 이정도면 충분한 것 아닌가"라는 생각이 들면 그마저도 수익실현을 하지 못할까 봐 마음이 흔들리기 시작한다. 더 큰 문제는 주가는 파동을 그리면서 상승한다.

이 말은 주가가 일직선으로 오르는 것이 아니라 오르고 밀리고, 또 오르고 밀리고를 반복하면서 움직이는데, 밀리는 국면을 조정국면이라고 한다. 10% 상승하고 5% 밀리고, 또 10% 상승하고 3% 밀리는 등의 과정을 반복한다. 이런 과정이 반복되면 지금까지 얻은 수익을 빨리 챙기려는 마음에서 주식을 홀딱 팔아버리고 만다. 누구나 경험이 있듯이 내가 팔고나면 주가는 훨훨 날아간다. 작은 수익에 연연하다 보면 큰 수익을 놓치게 된다.

삼성전자는 우리 주식시장에서 가장 안정적이고 큰 수익을 준 종목이다. 1998년 IMF 외환위기 때 주가가 급락한 이후 2021년까지는 꾸준히 상승을 했다. 물론 중간중간 조정국면이 있긴 했다. 같은 기간 수익률이 약 14,700%에 달한다. IMF 외환위기 직후를 기점으로 147배의 수익이 난 것이다.

그런데 주식시장에서 개인투자자가 삼성전자로 2배 이상의 수익을 얻었다는 얘기를 별로 들어본 적이 없다. 가끔 삼성전자를 샀던 것을 잊어버렸다가 우연히 주식을 발견해서 큰 수익이 났다는 가십성 기사를 제외하면 말이다. 이런 사례는 투자자들이 얼마나 수익을 잘게 잘라서 실현하는지를 단적으로 보여주는 사례가 된다.

다음은 삼성전자의 주가 동향이다. 삼성전자 주가가 어떻게 움직였는지를

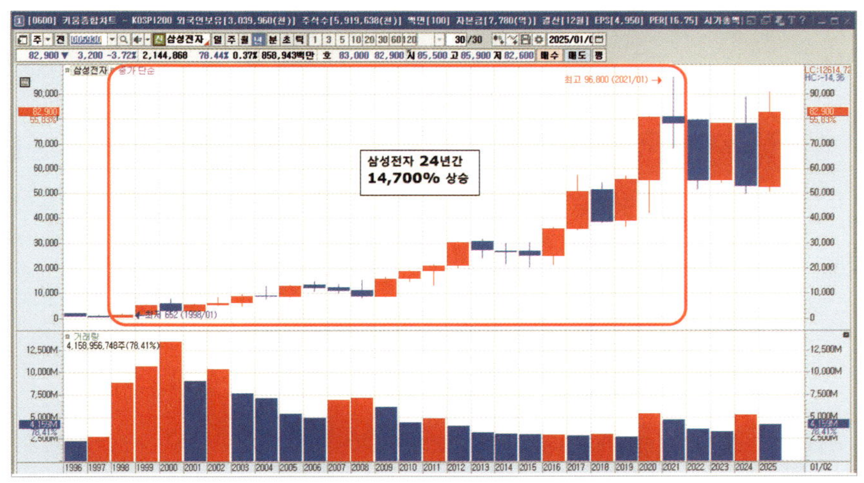

삼성전자 월봉

출처: 영웅문

보면서 수익을 잘게 잘라서는 안 되는 이유를 곱씹어 볼 필요가 있다.

투자를 전공하고 투자를 강의하는 사람의 입장에서 투자에 성공하기 위해 경제를 잘 알아야 한다고 주장하는 것은 당연하다. 그러나 경제를 제대로 아는 것만큼이나 중요한 것은 멘탈을 잘 관리하는 것이다. 주식시장을 40년 가까이 지켜보면서 뒤늦게 깨달은 것은 주식은 멘탈게임(Mental Game)이라는 것이다. 멘탈이 흔들리면 투자는 실패하고 만다. 그 좋은 예가 바로 '아이작 뉴턴'의 사례다.

뉴턴은 누구나 알듯이 케임브리지대학교에서 연구하던 시절 사과나무에서 사과가 떨어지는 것을 보면서 만유인력을 찾아낸 사람으로 유명하다. 그러나 그는 물리학자일 뿐 아니라 영국의 조폐국장으로 오래 일을 했었다. 그곳에 재직하던 중 그가 마주한 것은 역사적으로 버블이 컸던 남해회사(South

Sea) 버블이었다. 뉴턴은 거의 바닥에서 주식을 사고 주가가 조금 오른 뒤 주식을 팔아 수익을 챙겼다.

문제는 뉴턴이 주식을 팔고 난 뒤 남해회사 주가가 급등을 한 것이다. 그래서 뉴턴은 급등한 주식을 되샀는데 그 주식은 버블이 꺼지면서 주가가 폭락했고 뉴턴은 파산을 하고 만다. 그 과정은 아래 그림으로 볼 수 있다.

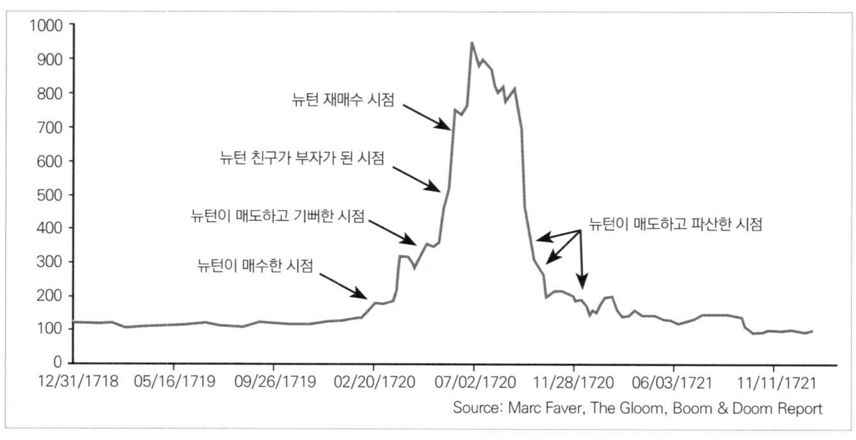

South Sea 버블 당시 주가 동향(1718~1721년)

수익을 잘게 잘라먹었는데 그 주가가 다시 급등하게 되면 멘탈이 흔들린다. 주식을 팔고난 뒤 내 손에서 떠난 주가가 오르면 정말 돌아버릴 지경이 된다. 그러면 무리해서 다시 따라잡든지 아니면 사라진 수익의 기회를 다른 곳에서 찾기 위해 무리한 투자를 하게 된다. 그런 멘탈붕괴는 계좌를 붕괴시키는 결과를 가져온다.

정상적인 투자를 해야 한다. 정상적인 투자란 어렵지만 손실 관리를 제대

로 하는 것이고, 수익은 보다 느긋한 마음으로 긴 안목으로 크게 실현해 나가
야 한다. 그렇지 않으면 절대 주식으로 성공할 수 없다. 흔들리는 멘탈로 주식
시장에 들어오면 그가 바로 모두의 호구다.

3. 분산투자가 아닌 방치하는 매매
(백화점식 계좌 현황)

독서는 분명 우리의 지식 세계를 넓혀주는 좋은 습관이다. 그런데 독서를 하면서 가장 위험한 것은 '책을 딱 한 권만 읽는 것'이다.

주식투자를 하는 사람이나 하지 않는 사람들도 "계란은 한 바구니에 담지 말라"라는 말은 모두 알고 있다. 이 말은 주식을 살 때 한 종목에 집중하지 말고 여러 종목에 분산해서 계좌에 담아 놓으라는 말이다. 그리고 이런 것을 '포트폴리오 투자'라는 근사한 말로 포장한다.

포트폴리오의 정확한 정의는 "두 개 이상의 자산을 동시에 보유하는 상태"라고 할 수 있다. 실제로 주식투자를 할 때 한 종목에 집중해서 매수하는 소위 몰빵투자가 매우 위험한 것은 사실이다. 그래서 두 종목이나 세 종목 정도에 분산해서 투자하는 사람들이 많다.

책을 한 권만 읽은 사람이 제일 위험하다는 것은 그가 읽은 책이 세상에 유일무이한 진리로 착각하는 경우가 있기 때문이다. 포트폴리오에 대한 책을 읽은 사람들이 빠지는 착각은 포트폴리오를 구성하는 종목수를 늘리면 위험이 줄어든다는 것이다. 자칫 종목을 많이 가질수록 포트폴리오 투자가 잘된다고 오해하는 경우이다. 그래서 개인투자자들이 10종목 정도를 가지는 백화점식 투자를 하는 경우를 보게 된다.

투자자는 자신이 어떤 자금을 운용하느냐에 따라 투자 전략이 달라진다. 큰 자금을 운용하는 펀드매니저들의 경우는 당연히 포트폴리오를 구성해야 한다. 그리고 종목수를 일정종목 이상 늘려나가야 한다. 왜냐하면 그들이 투자하는 자금의 크기가 크기 때문이다. 또 그 큰돈이 자기 돈이 아니라 남들이 맡긴 돈이기 때문에 가급적 위험을 줄이면서 투자해야 하기 때문이다.

그러나 개인투자자들의 경우는 다르다. 개인투자자들은 지나치게 종목수를 늘리게 되면 좀처럼 수익이 나지 않아 투자의 재미를 잃게 되고 또 시간이 지나면서 무관심하게 된다. 더욱 심각한 상황인 것은 계좌를 관리하는 것이 아니라 계좌를 방치하는 상태에 이르게 된다는 것이다. 많은 투자자의 계좌에 10여 종목이 있는 경우는 투자를 했다기보다는 관리를 제대로 하지 못한 결과로 나타난 경우가 허다하다.

예를 들어 한 종목을 샀다가 그 종목에 대해 손절매 타이밍을 놓치는 바람에 손실률이 커지면 그 종목은 그냥 방치한다. 그리고 돈이 생기면 다른 종목을 매수하고, 그 종목도 하락하면 방치하면서 또 다른 종목을 매수하는 과정에서 종목수가 늘어나는 경우가 대부분이다. 그래서 그런 행위는 투자를 한 것이 아니라 계좌를 방치한 것이나 마찬가지다.

그럼 어떻게 투자해야 하는가? 먼저 종목이 많은 상태라면 하락률이 가장 큰 종목부터 팔아서 그 돈으로 수익이 나는 종목 쪽으로 옮겨가야 한다. 그 이유는 크게 하락한 종목은 회사에 문제가 생겼을 가능성이 크기 때문이다. 일반적으로 망가진 종목이 제자리로 돌아올 확률은 우리나라와 일본의 경우를 보더라도 5~7% 정도에 지나지 않는다. 그리고 대부분의 경우 자신의 종목이 왜 크게 하락했는지 제대로 알지 못하는 경우도 허다하다. 그래서 거래가 될 때 하락하는 종목을 처분하고, 그나마 회사가 제대로 돌아가면서 주가가 상승하는 종목 쪽으로 몰아가는 것이 계좌 관리의 기본이다.

그리고 아직 계좌에 그렇게 종목수가 많지 않다면 자신이 관리할 수 있는 종목의 숫자를 정해야 한다. 경영학에서는 '관리의 한계(Limit of Management)'라는 말이 있다. 즉, 사람이 관리할 수 있는 범위가 정해져 있다는 것이다. 이것은 투자에서도 마찬가지다.

투자자들도 자신이 관리할 수 있는 종목의 수가 있다. 매일 내가 보유한 종목의 뉴스도 챙겨야 하고, 실적도 챙기고 또 차트도 확인해야 한다. 그런데 그 종목수가 너무 많아져 버리면 일일이 그걸 확인하는 것이 버거워진다. 무엇인가 내가 하는 일이 버거워지면 사람들은 자포자기에 이르는 경우가 많다.

그렇다면 몇 종목 정도가 적절한지 알아봐야 한다. 이론적으로 정해진 것은 아니지만, 대체로 개인투자자들의 경우 3종목을 넘지 않는 것이 좋다고 본다. 그 정도면 매일 관심을 가지는 데 큰 시간을 할애하지 않아도 보다 집중적으로 관리가 가능하리라고 본다.

이런 관점에 대해 포트폴리오 맹신자들은 충분히 분산투자가 되지 않은 점에 대해 비판하고 나설 것이다. 우리가 포트폴리오를 구성하는 이유는 위험 관리 때문이다. 주식에 투자를 하면 일반적으로 2가지 정도의 위험을 부담한다.

첫 번째는 비체계적 위험이라고 부르는 것으로, 개별기업의 고유한 위험이다. 예를 들어 삼성전자 반도체 공정에 문제가 생겼다든지, 아니면 다른 회사의 노조파업으로 생산차질이 생겼다든지 그렇지 않으면 어느 회사의 오너가 횡령을 했다든지 하는 등의 주가에 영향을 주는 요인이다. 이런 위험은 종목의 수를 늘려나가면 어느 종목은 오르고 다른 종목은 떨어지면서 평균화되어 상쇄된다.

두 번째는 체계적 위험이라고 하는데, 이는 시장 전체를 출렁이게 하는 위험이다. 예를 들어 중동에서 전쟁이 일어나 유가가 급등하다든지, 이머징 국가 중 하나가 외환위기에 빠졌다든지, 금리를 갑자기 인상한다든지와 같이 시장 전체를 흔드는 뉴스 등을 말한다. 이 위험은 포트폴리오를 구성해서도 없앨 수 없는 위험이다.

어려운 말처럼 보이지만, 포트폴리오를 구성해서 비체계적 위험을 없앤 상태라면 쉽게 말해 종합주가지수가 크게 상승하지 않은 한 수익을 낼 수 없는 구조가 된다. 포트폴리오의 종목수를 늘리면 계좌수익률이 크게 움직이지 않게 되는 것이다.

다음 그림은 종목수를 늘릴 때 계좌수익률이 어떻게 움직이는지를 보여주는 그림이다. 1종목, 3종목, 5종목, 10종목으로 각각 포트폴리오를 구성했을 때, 수익률의 움직임을 나타냈다. 10종목의 수익률을 나타낸 가장 굵은 선이 비교적으로 덜 가파르게 움직이는 것을 확인할 수 있다. 아마도 종목수를 더 늘려서 30개 종목만 되더라도 종합주가지수 움직임과 거의 비슷하게 움직이

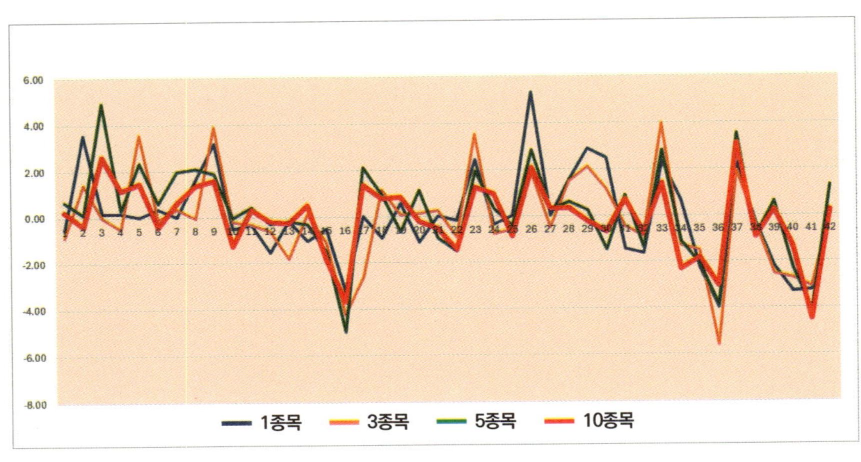

포트폴리오 수익률 효과

게 된다. 이런 투자는 수익을 내는 것을 차치하고라도 재미없는 투자행태가 될 것이다.

"계란은 한 바구니에 담지 말라"라는 말은 1930년대 예일대 경제학과 교수였던 제임스 토빈이 한 말이다. 계란을 한 바구니에 담았는데 그 바구니가 넘어지면 계란이 모두 깨질 수 있기 때문에 여러 바구니에 분산해서 담으라는 말이다. 투자할 때도 마찬가지로 분산투자를 하라는 뜻이다.

그 이후 분산투자가 일종의 불문율처럼 여겨졌던 것도 사실이다. 우리나라에서도 1980년대 대기업 입사시험 면접 때 꼭 물어보던 것이 포트폴리오가 뭐냐는 질문이었다. 그만큼 긴 시간 우리 머릿속에는 분산투자를 해야 한다는 의식이 자리 잡고 있었다.

1930년대라면 지금으로부터 100년 전이다. 세월이 변하면 투자 전략도 변하게 된다. 따라서 최근에는 "계란을 한 바구니에 담아라, 그리고 그 바구니가 넘어지지 않도록 매의 눈으로 지켜라"로 투자 격언이 바뀌고 있다. 이 말은 한 종목에 몰빵투자를 하라는 말이 아니다.

계란을 한 바구니에 담는다는 것은 2~3종목 정도에 집중투자 하라는 뜻으로, 그 바구니가 넘어지지 않도록 매의 눈으로 지키라는 것은 관리의 한계를 벗어나지 말라는 뜻으로 해석할 수 있다. 두 마리 토끼를 한꺼번에 잡으려다 잘못하면 한 마리도 잡지 못하는 경우가 생길 수 있는 것과 일맥상통한다고 볼 수 있다.

관리의 한계를 지켜나가면서 또 하나 지켜야 하는 것이 있다. 일반적으로 주가가 떨어지면 매매단가를 낮추기 위해 추가적으로 매수하는 '물타기 전략'이 있다. 물타기는 일반투자자들이 절대로 해서는 안 되는 행동이다. 물을 탄다는 것은 주가가 비정상적으로 떨어진다는 가정하에서 하는 일이다.

그러나 주가가 떨어질 때는 모두 이유가 있다. 문제는 그 이유를 나만 모르기 때문에 하는 행동이다. 물을 타면 평균매입가격이 낮아지는 것처럼 보이지만 이는 착시 현상이다. 평균매입가격이 떨어지는 것이 아니라 손실이 평균화되는 것이다. 그래서 물타기를 해서는 성공할 가능성이 높지 않다.

진짜 투자에 성공하고 싶다면 '불타기 전략'을 해야 한다. 물타기에 반대로 불타기라고 했지만 실제로는 피라미딩 전략을 말한다. 이 방법은 '제시 리버모어'가 주장한 것으로, 주가가 상승추세를 잡고 올라가면 신고가를 기록하는 시점에 주식을 더 사 모으는 전략쯤으로 생각하면 된다.

예를 들어 첫 번째 매수할 때 1,000주를 샀다면 다음 추가매수 때는 700

주, 그 다음 추가매수 때는 500주 이렇게 매수를 해나가는 것이다. 이렇게 되면 평균매입단가가 지나치게 높아지는 경우를 막을 수 있다.

주식투자에서 절대 손해 보지 않는 불멸의 방법은 "싸게 사서 비싸게 팔아라(Buy Low, Sell High)"를 지켜나가는 것이다. 그런데 이 간단한 원칙을 이행하기가 결코 쉽지 않다. 그래서 다양한 투자법이 세상에 소개된다. 그리고 그 투자법들은 시대가 바뀌면 그 모습도 바뀌게 된다.

절대 계좌를 방치하지 말라. 그리고 물타기보다는 불타기 전략을 수행하라. 그러면 여러분 모두 성공투자의 대열에 합류할 수 있다.

4. 우연한 성공을 실력으로 아는 매매

주식투자로 돈을 벌기 어려운 이유는 의외로 간단하다. 주식투자의 기대수익률을 계산해 보면 간단히 나온다. 금융기관 직원들을 대상으로 주식강의를 할 때 제일 먼저 물어보는 것은 "과연 주식투자로 돈을 벌 수 있는 객관적인 확률은 얼마인가?"이다. 그러면서 꼭 덧붙이는 말은 주관적인 확률 말고 객관적인 확률이란 것이다. 주관적 확률은 천차만별이고 시황이 나쁠 때는 5% 미만이기도 하고, 시황이 좋을 때는 50% 이상일 때도 있기 때문이다.

수강직원들은 쭈뼛쭈뼛하면서 기껏 내놓는 대답이 50 대 50, 즉 50%라는 것이다. 그러면 간단하게 계산해 보여준다.

주식투자 수익 확률표

	상승	수익	1/3
주식매수	보합	손실(매매비용)	1/3
	하락	손실	1/3

사람들은 주식을 매수해 상승하면 수익, 하락하면 손실이라고 생각한다. 그러나 가격의 움직임은 상승과 하락만 있는 것이 아니라 가만히 있는 상태 즉, 보합이라고 부르는 상황이 하나 더 있다. 그리고 각각의 상황에서 손익을 살펴보면 주가가 상승하는 것을 제외하면 보합일 때나 하락할 때 모두 손실이 발생한다.

주가가 보합일 때는 매매비용이 발생한다. 살 때와 팔 때 발생하는 수수료, 또한 증권거래세를 생각하면 명시적인 비용이 발생한다는 것을 알 수 있다. 그리고 각각의 똑같은 확률인 1/3을 곱해주면 주식투자의 기대수익률은 마이너스라는 것을 어렵지 않게 알 수 있다. 이 말은 주식투자를 장기적으로 하게 되면 투자자들은 평균적으로 손해를 보게 된다는 것이다.

앞서 우리는 아이작 뉴턴의 투자 실패 사례를 살펴봤다. 뉴턴의 실패는 그리 놀라운 일이 아니다. 우리가 알 만한 사람들 중 투자에 실패한 사람이 너무 많아서 손으로 꼽는 것이 불가능할 정도다. 그중 경제학계의 거두인 '존 메이나드 케인즈'의 사례를 조금 각색해서 살펴보자.

케인즈는 경제학의 아버지 아담 스미스 이후 가장 위대한 경제학자로, 1930년대 발생한 대공황을 극복하는 정책에 이론적 근거를 제시한 사람이며, 그 후학들을 케인즈학파라고 부른다.

이런 위대한 케인즈도 주식투자에 열을 올렸다. 그의 투자법은 남들보다 먼저 정보를 확인하고 남들보다 먼저 주식을 매수하는 식이었다. 그런데 그런 투자법을 가지고서도 케인즈는 투자하는 족족 손해를 봤다. 그런 케인즈를 바라보던 그의 부인은 답답했다.

남들에게 존경받는 경제학자인 남편이 주식에서 손해를 보는 것이 남부끄러운 일이기도 했고, 또 돈까지 날려먹으니 심란하지 않을 수 없었던 것이다. 그래서 남편에서 한마디 조언을 했다. "여보, 당신이 알고 있는 방법 그 반대로 해보세요."

부인의 그 조언을 듣고 이후 케인즈는 큰 성공을 거두게 된다. 그러면서 했던 말이 "주식투자는 미인대회와 같다"이다. 미인대회 우승자는 내가 보기에 예쁜 사람이 아니라 남들 보기에 예쁜 사람이다. 즉, 대중들이 인정을 해야 주가가 오르고 수익을 낼 수 있다는 것을 깨달은 것이다. 위대한 경제학자도 비싼 수업료를 지불하고서야 비로소 성공할 수 있었다는 것이다.

문제는 이런 투자의 어려움을 망각하는 경우가 많다. 특히 일반투자자들 중 처음으로 주식시장에 들어온 사람들에게 나타나는 초심자의 행운 때문에 투자를 망치는 경우를 많이 보게 된다. 초심자의 행운(Beginner's Luck)이란 새로운 도전이나 활동을 시작할 때 처음으로 뜻밖의 성공을 거두는 것을 말한다. 특히 도박이나 주식투자에서 좀 더 확장해 보면 사업에서도 처음 발을 들인 사람이 성공하는 경우를 많이 본다.

요즘은 명절에 식구들이 모여도 고스톱을 하는 경우를 거의 보지 못하는데, 불과 십여 년 전만 하더라도 명절에 가족들이 모여 앉으면 심심풀이로 간식내기 고스톱을 하는 모습을 흔히 볼 수 있었다. 그런데 이때 화투를 치지 못하는 완전 초보가 화투판에 끼게 되면 그 사람이 돈을 따는 경우가 종종 있었다. 또 카지노에 처음 간 사람이 슬롯머신으로 잭팟을 터트리는 경우도 심심찮게 볼 수 있다.

주식투자도 마찬가지다. 처음 계좌를 개설하고 주식을 샀는데 그 주식이 올라가 상당한 수익을 얻는 경우를 보게 된다. 이 모든 것은 초심자의 행운에 해당한다. 이것은 다분히 운이 작용한 것으로 봐야 한다. 로또 복권의 경우도 복권을 사서 5,000원이나 50,000원에 당첨되는 것도 쉬운 일이 아니다. 그런데 처음으로 로또를 샀는데 50,000원에 당첨되는 경우도 있다. 그러면 사람들은 "내게 좋은 운이 왔었구나"라고 생각해야 함에도 자신이 마치 복권의 귀재인 것처럼 무용담을 늘어놓는 경우를 많이 본다.

주식시장에서 오랜 경험을 쌓은 사람이 볼 때 초보투자자들은 고정관념이 없기 때문에 무작위로 종목을 선택하게 되고 그중 우연히도 상승하는 종목을 잡으면서 수익을 내는 것으로 볼 수 있다. 문제는 수익을 낸 다음의 마음가짐이다.

'운이 좋았다. 나중에 운이 좋지 않을 때를 대비해서 조심해서 투자해야지'라고 생각하는 초보들은 거의 없다. '어? 이거 주식이 내게 딱 맞는데?' 하면서 겁 없이 투자금액을 늘려나간다. 그 다음의 결과는 확인해 보지 않아도 될 정도로 뻔한 스토리가 많다. '올 인', '패가망신' 등 갖가지 수식어를 어렵지 않게 확인할 수 있다.

초보자들이 초심자의 행운에 빠지면 제일 먼저 나타나는 현상은 '자기과신의 함정'에 빠지는 것이다. 자기과신의 함정이란 자신이 종목을 선정하면 주가가 반드시 오를 것이라는 생각을 갖는 심리적 오류를 말한다. 그런 과신을 갖는 이유는 처음 투자에서 재미를 봤기 때문이다.

자기과신의 함정은 비단 주식투자에서만 나타나는 것은 아니다. 로또복권에서도 나타난다. 로또의 1등 당첨 확률은 814만 분의 1이다. 이 정도의 확률이면 세상에 존재하지 않는 확률로 볼 수 있다. 그러나 매주 10여 명 안팎의 1등 당첨자가 나오니 사람들이 모두 관심을 가지고 복권을 산다.

그런데 확률을 조금 아는 사람의 입장에서는 본인이 직접 번호를 고르는 수동이나 시스템에서 번호가 골라지는 자동이나 어차피 확률적으로 불가능하기는 매한가지다. 그러나 자기과신에 빠진 사람은 스스로 번호를 고르는 수동을 선호한다.

자기과신의 또 다른 사례로는 주사위 던지기나 윷놀이에서도 나타난다. 예를 들어 주사위 던지기나 윷놀이에서 낮은 숫자나 도, 개가 나와야 하는 경우는 주사위나 윷을 낮게 던진다. 반대로 높은 숫자나 윷, 모 등이 나와야 하는 경우에는 주사위나 윷을 높게 던지는 모습을 보게 된다면 이는 자기과신의 함정에 빠져 있는 것이다.

자기과신에 빠진 사람들의 특징은 주식 매매의 회전율이 매우 높아진다는 것이다. 왜냐하면 주가가 조금만 떨어져도 자기에게는 또 다른 확실한 종목을 고를 능력이 있다고 믿기 때문이다. 주식은 한 번씩 매매할 때마다 계좌가 대패질을 당한다고 한다. 원래 내 계좌의 규모는 전봇대만 한 크기였는데 1년 내내 열심히 대패질을 하다 보니 결국 나무젓가락 정도로 계좌잔고가 줄어든다는 것이 증시의 속설이다.

이런 투자자들은 위험 관리를 한다고 볼 수 없다. 자신의 투자실패가 누적되면 사람들은 마음이 조급해진다. 마음이 조급해지면 고위험-고수익(High Risk-High Return)을 외치면서 패니 스톡(Penny Stock: 주가가 1달러도 되지 않는 싸구려 주식)에 발을 담그게 되고 그 다음은 상장폐지를 경험하게 되는 경우까지 달려가게 된다.

이 모든 것이 과장된 말이 아니라 매우 많은 초보투자자가 주식시장으로부터 퇴출당하는 기본적인 코스였다. 초심자의 행운은 누구나 한 번쯤 경험할 수는 있지만, 이를 과신하면 장기적으로 낭패를 볼 가능성이 크다.

초심자의 행운이라는 함정에 빠지지 않는 방법은 먼저 자신의 경험부족을 인정해야 한다. 즉, 내가 처음 수익을 낸 것은 내가 주식투자의 타고난 재주가 있어서가 아니라 좋은 운이 작용했다는 것을 인정하고 실력을 향상시키기 위해 노력하는 것이다.

그리고 초심자의 행운으로 인해 자기과신에 빠지면 더 빨리 돈을 벌기 위해 투자 규모를 늘리는 경우가 많다. 예를 들어 처음에는 100만 원가량 투자해서 30%의 수익으로 30만 원 정도를 벌었는데 가만히 생각해 보니 3,000만 원을 투자하면 거의 1,000만 원을 벌 수 있을 것이란 기대로 큰돈을 끌어오는 일이 생기게 된다.

물론 사람에 따라 투자할 수 있는 돈의 규모는 다르다. 누구는 100만 원도 많게 느껴질 수 있지만 다른 사람은 1억 원을 투자해도 별거 아닌 것으로 느껴질 수 있다. 자기과신의 늪에서 빠져나오기 위해서는 투자 규모를 적정 수준으로 유지하는 것이 필요하다.

사람마다 다른 투자 규모를 정하는 방법은 간단하다. 예를 들어 지금 투자하고 있는 투자자금을 모두 잃더라도 내 삶에 전혀 변화가 없을 만큼만 투자하는 것이다. 그것이 100만 원이든 1,000만 원이든, 아니면 그보다 더 많은 금액이든 말이다.

예를 들어 내가 1,000만 원을 투자했다가 모두 다 잃고 나니 출근길에 커피전문점에서 '아이스 아메리카노'를 사먹을 돈이 없어 탕비실에서 봉지커피를 타먹는 일이 생긴다면 이는 적정 투자 규모를 넘어선 것으로 볼 수 있다.

주식시장은 돈을 향한 욕망이 불타오르는 곳이다. 그래서 욕망의 화신들이 득시글하고 그 안에서는 온갖 협잡과 사기적인 행동들이 난무한다. 그런 곳에서 초심자의 행운을 믿고 바보처럼 투자를 하게 되면 자신의 지갑을 열고 다른 사람들이 빼가도록 하는 행동이랑 다를 바가 없다.

누구나 한 번쯤은 주식시장에서 큰 성공을 거둘 수 있다. 그때마다 겸허한 마음으로 결과를 받아들여야 한다. 인류역사에서 가장 똑똑하다는 평가를 받는 '아이작 뉴턴'도 경제학계의 거두인 '존 메이나드 케인즈'도 투자에서 실패한 경험들을 가지고 있다. 특히 뉴턴은 죽기 전에 "나는 천체의 움직임을 초 단위로 계산할 수 있지만, 주식시장에서 인간의 심리는 도저히 가늠하지 못하겠다"라는 말로 주식투자의 어려움을 토로했다.

주식시장에서 즐겨 쓰는 말들 중 "투자는 짧고 굵게 하기보다, 가늘고 길게 하는 것이다", 또 "강한 자가 살아남는 것이 아니라 살아남은 자가 강한 것이다"를 반드시 기억해야 한다.

5. 남의 돈 무서운 줄 모르는 매매
(신용, 미수, 주식담보대출 매매의 폐해)

"외상이면 소도 잡아먹는다"라는 말이 있다. 이 말은 현재의 만족이나 유혹에 이끌려 뒷일을 생각하지 않고 무턱대고 행동하는 태도를 빗대서 하는 말이다. 사람들은 주관적 만족을 높이는 일에 관심이 많다. 그래서 자주 충동적인 행위를 하는 경우가 있다.

예를 들어 내가 정말 갖고 싶은 물건이 있다면 내 소득이나 재산 상태를 살펴야 하지만, 충동에 이끌려 카드를 긁는다든지 해서 나중에 그 카드값을 갚느라 허덕이는 사람들도 꽤 있다.

경제학에서는 '사람들은 합리적으로 행동한다'고 가정한다. 여기서 합리적인 사람이란 위험에 대해서는 회피적인 성향을 갖는 사람이고, 또 그들의 목표는 기대효용을 극대화시키는 것이다.

위험회피적인 성향이란 위험을 추가적으로 부담하면 그에 대응하는 수익률을 더 요구하는 사람이고, 기대효용이란 미래에 기대하는 주관적인 만족도를 극대화시키는 것을 말한다. 주관적 만족도를 극대화하려면 수익률은 최대가 되고, 위험은 최소화되어야 한다. 외상으로 소를 잡아먹는 것은 위험에 대해 회피적이라고 보기도 힘들고, 기대효용이 극대화되는 것도 아닌 그냥 충동적인 사고일 뿐이다.

주식시장에도 외상으로 주식을 사는 경우가 있다. 외상으로 주식을 사는 방법은 증권회사를 통하면 미수거래나 신용거래가 있고, 금융기관을 통하면 스탁론으로 주식담보대출을 받을 수 있다. 신용거래는 따로 신용약정을 맺어야 하지만 미수거래는 따로 신용약정을 체결하지 않고 짧은 기간 자신이 가진 돈보다 더 큰 금액의 주문을 할 수 있다.

미수거래가 가능한 이유는 우리나라의 주식결제 방법과 관련이 있다. 우리나라 주식시장의 결제 방법은 보통결제라고 한다. 이를 이해하기 위해서는 몇 가지 개념을 알고 있어야 한다.

매매 당일에 결제되는 것을 당일결제라고 한다. 당일결제의 대표적인 사례는 코인 등으로, 암호화폐를 매매해 보면 알 수 있다. 즉, 오늘 코인을 매도하면 오늘 돈을 찾을 수 있고, 코인을 매수하면 오늘 내 계좌에 코인이 들어오는 거래를 말한다.

그 다음은 익일결제가 있다. 익일결제는 매매를 한 다음날 결제가 되는 것을 말한다. 즉, 오늘 매도하면 오늘 돈을 찾을 수 있는 것이 아니라 매매일 기준으로 그 다음날 돈을 찾는 것을 말한다. 물론 주식을 매수한 경우 내일 내 계좌에 주식이 들어온다.

그런데 우리나라에서 하는 보통결제는 3일 결제를 채택하고 있다. 예를 들어 월요일에 주식을 매도했다면 수요일에 돈을 찾을 수 있고, 매수했다면 수요일에 내 계좌에 주식이 들어온다. 이때 미수가 발생하는 이유는 증거금 제도 때문이다.

증거금은 주식을 사기 위해 계좌에 돈을 넣는 것인데 100% 자기 돈을 넣고 매매를 하면 미수가 발생하지 않는다. 하지만, 종목에 따라서는 증거금을 20~100%까지 차등적용을 하는 경우가 있는데 이렇게 증거금 제도 때문에 매매와 결제시점에서 미수가 발생한다. 미수거래를 어떻게 하는지는 다음 주식주문 화면을 통해서 살펴볼 수 있다.

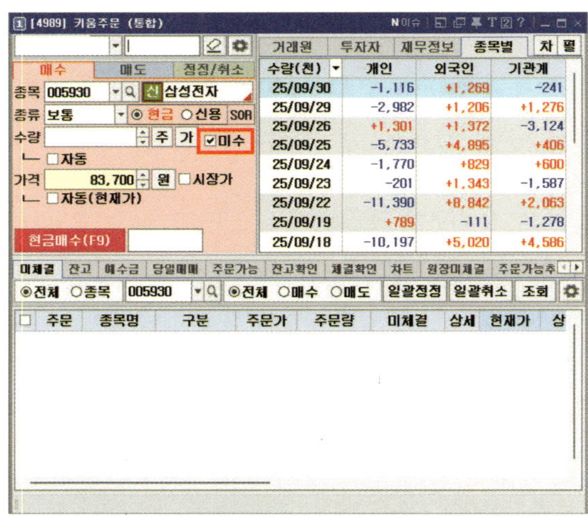

주문화면을 통한 미수매매 방법　　출처: 영웅문

미수는 매수주문을 할 때 발생하게 되는데, 그림에서 네모로 표시한 것과 같이 미수에 마킹을 하면 미수거래가 발생하게 된다. 미수거래로 얼마나 더 살 수 있게 되는지 예를 들어보면 다음과 같다. 삼성전자의 증거금률이 20%라고 한다면 삼성전자를 100만 원어치 사려고 할 때 내 돈은 20만 원만 있으면 주문이 가능하다. 즉, 내가 가진 돈의 5배까지 주식을 살 수 있다.

또 어떤 종목의 증거금률이 40%라고 한다면 100만 원어치 주문을 위해서 내 계좌에 내 돈은 40만 원만 있으면 된다. 그렇다면 내가 가진 돈의 2.5배까지 주식을 살 수 있다. 그렇다면 20% 증거금률이라면 증권사로부터 80만 원을 빌린 셈이 되고, 40% 증거금률이라면 60만 원을 빌린 셈이 된다.

이 돈은 매매일로부터 4일째 되는 날, 장 시작 전 정해진 시간까지 입금을 시키지 않는다면 시초가에 자동반대매매가 이루어진다. 미수거래는 4일째 되는 날 빌린 돈이 정산되지만, 신용거래나 주식담보대출을 한 경우는 시간을 두고 정산이 된다.

반대매매가 발생하면 증권사는 주식을 하한가로 매도 주문을 낸다. 하지만 이 말은 실제로 하한가에 팔린다는 뜻이 아니다. 강제로 청산하는 목적이기 때문에 단지 '하한가에라도 팔아라'라는 조건으로 주문을 넣는 것뿐이고, 시장에 하한가보다 더 높은 가격의 매수 주문이 남아있다면 그 가격에 먼저 체결될 수 있다. 즉, 매도주문은 하한가로 나가지만 체결가격은 시장 상황에 따라 달라질 수 있다는 것이다.

자동반대매매는 빌려준 돈에 대한 담보비율이 지켜지지 않을 때 감행된다. 돈을 빌려주는 기관에 따라 담보비율이 정해지지만 미수거래의 경우 대체적으로 140% 정도 담보비율이 유지되어야 한다. 만약 이 담보비율 아래로 떨어지게 되면 가차 없이 반대매매가 나간다.

담보비율은 다음과 같이 계산된다. 신용거래 증거금이 40%라고 하면 처음 주식을 매수하면 체결되는 순간 담보비율은 167%가 된다. 주식을 1,000만 원어치 사는데 내 돈 400만 원에 증권사에서 빌린 돈 600만 원이니 빌린 돈 대비 총자산의 비율을 계산하면 그렇게 된다.

그럼 140%의 담보비율이 지켜지기 위해서는 주가가 매수가 대비 16% 이상 떨어지면 안 된다. 만약 자동반대매매를 당하지 않으려면 담보를 더 늘리든지 아니면 신용융자대금을 상환해야 한다.

신용담보비율 계산 현황(신용증거금 40% 가정)

총자산(A)	대출금(B)	담보비율(A/B)	순자산평가액	기타
1,000	600	167%	400	–
900	600	150%	300	10% 주가 하락
840	**600**	**140%(자동반대매매)**	**240**	**16% 주가 하락**
800	600	133%	200	20% 주가 하락
700	600	117%	100	30% 주가 하락

문제는 주식을 샀는데 주가가 갑자기 급락해서 손을 쓸 겨를이 없을 때이다. 우리나라 주식시장의 상하한가 가격제한폭이 기준가(전일종가) 대비 ±30%이기 때문에 하루 반나절 안에 낭패를 보는 일이 생길 수 있다. 남의 돈을 쓰는 것은 이렇게 위험한 일이다.

모든 제도는 '양날의 검'이다. 한쪽 날만 있는 것을 칼이라 하고 양쪽에 날이 있는 것을 검이라 한다. 검은 한쪽은 내게 유용하게 사용될 수 있지만 자칫 잘못하면 내가 그 검에 베이기도 한다는 뜻이다. 빚을 내서 투자하는 것을 레버리지 투자라고 한다. 레버리지를 이용하면 수익이 났을 때 내 돈으로만 투자했을 때보다 더 큰 수익을 얻을 수 있다.

앞서 예를 든 것처럼 증거금률이 20%라면 내 돈만으로 투자했을 때보다 5배나 큰 수익을 올릴 수 있고, 증거금률이 40%라면 내 돈만으로 투자했을 때보다 2.5배나 큰 수익을 올릴 수 있다. 문제는 그 반대의 경우다. 손해가 날 때는 감당하기 힘들 정도로 큰 낭패를 보게 된다. 그 결과는 반대매매를 당해서 내 계좌에 주식도 돈도 남지 않게 되는 것이다.

"빚도 자산이다"라는 말이 있다. 그러나 모든 빚은 만기가 있고 만기 내에 성과를 내지 못하면 빚은 큰 부담으로 작용한다. 그래서 흔히 "고름은 살이 되지 않는다"라는 말로 빚의 위험성을 경고하곤 한다. 고름이 생기면 그 고름을 없애야 한다. 그렇지 않으면 신체부위를 잘라내야 하는 극한 상황에 처하게 된다. 빚을 잘못 관리하면 고름이 되어서 내 자신을 잃어버리게 되는 결과를 낳는 것과 같다.

투자의 세계에 들어서면 대부분의 사람들은 빨리 승부를 보고 싶어 한다. 그 이유는 주식시세를 보면 매일 어떤 종목이든 오르는 것이 보이기 때문이다. 오르는 종목만 매수하면 큰돈을 벌 수 있으리라 생각한다. 그렇다면 기왕이면 빠른 시간에 큰 수익을 내고 이런 것을 서너 번 하게 되면 재벌의 반열에 오를 수 있을 것이란 허무맹랑한 기대를 가지면서 말이다.

그러나 아무리 바빠도 실을 바늘허리에 묶고 바느질을 할 수 없듯이 아무런 준비 없이 레버리지를 일으켜 투자한다고 해서 돈을 벌게 되는 것이 아니다.

레버리지는 위험과 같은 말이다. 위험을 크게 하면 수익도 커진다는 말은 한쪽 면만 보는 것이다. 위험이 크다는 것을 내가 모든 것을 잃을 수도 있다는 말과 같이 생각해야 한다.

금융기관은 "맑은 날 우산을 빌려주고, 비 오는 날 우산을 빼앗아간다"라고 한다. 내가 여유가 있을 때 금융기관은 얼굴에 미소를 띠면서 돈을 빌리라고 마케팅을 한다. 그러나 내가 궁지에 몰리면 금융기관은 안면몰수하고 돈을 거두어 가버린다.

남의 돈은 만기가 있다는 점을 기억해야 한다. 만기가 있으면 돈을 쓰는 사람 입장에서는 서두르는 투자를 하게 된다. 투자는 서둘러서는 안 되는데 서두르는 투자는 실수를 낳게 된다. 투자의 세계에서 실수는 손실로 그 결과가 나타난다. 남의 돈 무서운 줄 모르고 마구 빌려 쓰다 보면 게도 구럭도 다 잃듯이 투자성과가 엉망이 된다는 평범한 원리를 기억해야 한다.

대박주식
쪽박주식

제2장

이런 종목은
쪽박주식

주식투자는 진흙 속에 숨겨진 진주를 찾는 작업이다. 진주가 어디에 있는지 잘 알면 숨어 있는 진주를 쉽게 찾을 수 있다. 문제는 진주가 어디에 있는지도 모르고, 또 어떤 것이 진짜 값어치가 있는 진주인지도 모르면서 무턱대고 진흙을 파는 사람들이 의외로 많다는 것이다. 이런 사람들은 진짜 진주를 찾을 수 없다. 주식투자도 마찬가지다. 겁 없이 주식에 달려드는 사람들의 투자성과는 말하지 않아도 뻔하다. 쪽박을 차고 투자판을 떠나는 것이다.

주식투자는 대단한 경제지식이 필요한 것도 아니다. 건전한 상식을 가진 사람이 건전한 판단을 하면 되는 그런 게임이다.

"적자 나는 기업은 가급적 사지 않는다."

"경영자가 경영에는 관심이 없고 주가를 올리는 일에만 관심이 있는 기업은 가급적 사지 않는다."

"덤핑이 난무하는 산업에 있는 기업은 가급적 사지 않는다."

"주주를 무시하고 회사 돈을 자기 돈처럼 횡령하는 기업은 사지 않는다."

몇 가지 간단한 원칙만 잘 지켜도 쪽박을 차는 일은 없다. 그러나 인간은 욕망에 사로잡히면 눈이 멀게 된다. 특히 돈이란 재물욕에 빠지게 되면 물불 가리지 않고 오직 빨리 많은 돈을 버는 데만 관심을 두게 되어 원칙 따위는 안중에도 없게 된다. 그래서 많은 투자자가 주식시장에서 피를 흘리면서 죽어 나가는 것이다.

여기서는 투자자들을 쪽박 차게 만든 종목 사례를 통해, 주식투자에서 피해야 할 유형을 알아본다. 돈을 버는 것도 중요하지만 만약 큰 위험을 부담하고 돈을 버는 것은 마치 섶을 지고 불길에 뛰어드는 것과 같기 때문에 조심해야 한다. 우리가 추구하는 투자는 가급적 위험은 줄이고 수익은 극대화하는 것이다. 따라서 무엇보다 내가 위험에 빠지지 않는 투자를 해야 한다.

"지피지기(知彼知己) 백전불태(百戰不殆)"라는 말이 있다. 왜 백전백승(百戰百勝)이 아니냐고 묻는 사람이 있는데, 백 번을 싸워 백 번을 승리하더라도 내가 위험에 빠지는 일이 있으면 그 승리는 무의미해지기 때문이다. 따라서 백전불태란 백 번을 싸워도 내가 위험에 빠지지 않는 것을 말한다.

내가 사고자 하는 주식을 잘 알면 불필요한 위험을 피할 수 있다. 투자를 할 때 수익을 볼 수도 있고 손해를 볼 수도 있다. 그러나 손해를 봤을 때 회복 가능한 상황이 되어야 하는데, 그렇지 못하는 상황, 예를 들어 상장폐지 등의 상황에 빠지게 되면 회복 불가능한 상황이 될 수 있기 때문이다.

1. 테마에 편승한 헛된 꿈을 주는 주식

주식투자는 진짜와 가짜를 가려내는 게임이다. 진짜 주식을 잡은 사람은 장기적으로 큰 수익을 낼 수 있는 반면, 가짜 주식을 잡은 사람은 단기적으로 급등하는 데 취해 있다가 이내 쪽박을 차게 되는 경우가 많다.

주식투자를 하는 사람들이 흔히 빠지기 쉬운 오해 중 하나는 주식투자는 고도의 경제행위이기 때문에 양복을 입고 넥타이를 곱게 맨 점잖은 사람들의 게임이라고 생각하는 것이다. 겉보기에 주식투자는 고도의 경제행위가 맞다. 하지만 그 안은 '하루에도 수십조 원의 돈이 흘러 다니는, 돈 놓고 돈 먹기 판이다'.

돈 앞에 냉정할 수 있는 사람은 극히 드물다. 고려 말 최영 장군은 "황금 보기를 돌같이 하라"라고 했지만, 사실 그분은 돈이 그다지 필요치 않은 사람이었다는 평가도 있다. 따라서 어지간한 사람들은 돈에 대한 불타는 욕망을 품게 된다.

주식시장은 투자를 통해 돈을 벌려는 욕망이 부딪히는 욕망의 불구덩이다. 그런 사실을 잘 모르는 순진한 투자자들은 그 불에 타서 재가 되어 사라지는 일이 생기게 된다. 그 속에는 소위 작전이라는 것이 작동하는 경우가 있다. 작전세력은 온갖 거짓정보를 퍼트려 사람들을 유인해서 주식을 사게 만든다. 그리고 종국에는 그 주식을 사기 위해 달려드는 불나방들에게 매물을 떠넘기고 돈을 챙겨 유유히 사라진다.

일단 지나고 보면 그런 사기적 행위에 빠지는 사람을 이해하기 어렵다고 생각할지 모르나, 실제로 내가 그 판에 들어가 있으면 그것이 사기인지 아니면 진짜인지를 판단하지 못하는 경우가 많다.

흔히 금융다단계를 폰지게임(Ponzi Game)이라고 한다. 다단계 폰지게임에서 큰 사기를 당하는 사람들은 진짜 그것이 사기라는 것을 모르고 뛰어드는 순진한 사람들이 대부분이지만, 또 어떤 경우는 나까지는 수익을 낼 수 있을 것이란 얄팍한 생각에 게임에 뛰어드는 사람도 있다.

코로나19 팬데믹 이후 우리 주식시장은 '2차전지' 열풍에 빠진 적이 있다. 흔히 한 번 쓰고 버리는 것은 1차전지이고, 2차전지는 충전을 해서 재사용을 할 수 있는 전지를 말한다. 2차전지는 전기차에 배터리로 사용되는 경우도 있고, 에너지저장장치(ESS: Energy Storage System)로 사용되기도 한다.

2차전지는 리튬이온을 이용한다. 건전지를 보면 양극(+)과 음극(-)이 있고 그 중간에 분리막이 있는데, 리튬이온이 전해질을 매개로 양극과 음극을 오고가면서 전기를 만들어내는 구조이다. 따라서 2차전지에서 중요한 소재가 되는 것은 양극을 만드는 양극재, 음극을 만드는 음극재, 전해질, 분리막 등이 있다. 그중 우리 주식시장을 불타오르게 했던 것은 양극재였다. 양극재업체 중 가장 유명한 곳이 에코프로비엠, 포스코퓨처엠, 엘앤에프, 코스모신소재, 탑머티리얼 등이었다.

그런데 갑자기 '배터리 아저씨'란 사람이 나타나 금양이란 종목을 팔고 다니기 시작한 것이다. 금양이 양극재 사업을 한다는 소문이 퍼지면서 주가가 급등하기 시작했다. 2차전지 테마가 형성되고 그중 양극재업체들이 앞다퉈 주가 상승이 이루어졌다.

여기에 나발을 불어 대는 나팔수 배터리 아저씨의 등장으로 금양이라는 종목에 대한 완벽한 투기판이 만들어졌다. 사람들은 금양의 주가 상승에 환호했다. 그 회사가 뭘 하는 회사인지 알아볼 필요도 없이 시장을 주도하는 테마에 열광했던 것이다.

파티가 끝나면 설거지를 해야 한다. 파티의 규모가 크면 클수록 설거짓거리도 많아진다. 금양의 설거지는 너무도 아픈 결과를 가져왔다. 바로 거래정지가 되어 버린 것이다. 우선 금양의 주가가 어떤 모습이었는지 차트를 통해 살펴보자.

금양의 주가는 2022년 2월 4,275원 저가를 기록한 이후 급등해서 2023년 7월 194,000원까지 상승했다. 바닥에서 꼭지까지 상승률이 무려 4,438% 즉, 44배의 수익이 발생했었다. 그리고 그 이후 주가가 거꾸러지기 시작해 결국 9,900원에 상장폐지 사유가 발생하면서 거래정지가 되고 말았다.

9조 원까지 올랐던 시가총액이 6천억 원대로 쪼그라들었으니 무려 8조 4천억 원 규모의 시가총액이 사라져 버린 것이다. 금양의 소액주주(1% 미만의 주

금양 주봉

출처: 영웅문

식을 보유한 주주)는 무려 24만 명에 달한다. 그 모든 금액이 개인투자자에게 돌아갔다고는 볼 수 없으나 그중 상당 부분이 개인이 입은 손해였다는 것은 부인할 수 없다. 더욱이 지금은 그나마도 거래조차 할 수 없는 상태가 되었다.

물론 금양의 상장폐지가 확정된 것은 아니다. 본업인 발포제 사업은 그대로 유지되고 있기 때문이다. 그러나 한여름 밤의 꿈처럼 부풀어 올랐다가 사라진 그 거품의 희생자가 되지 않기 위해서 투자자들은 금양에 대해 뭘 확인했어야 했는지 살펴보자.

2차전지업체로 알려진 금양은 사실 주력 사업이 발포제 생산 및 판매인 회사였다. 회사의 연결 대상 회사는 국내 1개사와 중국, 미국, 독일, 파키스탄, 몽골 등 해외 10개사를 포함해 총 11개로 구성되어 있다.

동사의 주요 원재료인 발포제의 반제품은 수요처의 특성과 가격 경쟁력 확보를 위해 동사의 계열사인 중국 현지법인으로부터 안정적으로 공급받고 있으며, 일부 제품은 외주임가공 방식으로 생산되고 있다고 밝혔다. 생산성 향상과 가격 경쟁력 제고뿐만 아니라 동사는 고부가가치 발포제 신제품 개발을 위하여 연구소를 운영하고 있으며, 자동차 내장재 및 친환경 발포제 개발에 역점을 두고 연구 개발을 진행하고 있다는 것이었다.

2023년에 발표한 바로는 지속 가능 경영을 위하여 당사가 화학 전문기업으로서 쌓은 노하우와 경험을 바탕으로 전기차용 리튬배터리의 핵심 재료인 수산화리튬 가공과 이차전지 성능 향상을 위한 지르코늄 첨가제 사업, 그리고 원통형 이차전지 사업과 수소연료전지 사업을 추진 중이란 것이었다. 금양의 2023년 사업보고서에 나타난 주요 제품 및 서비스의 매출 비중을 살펴보면 다음과 같다. (2024년 사업보고서는 외부감사에서 의견거절이 나왔으니 신뢰할 수 없어 2023년 사업보고서를 보는 것이다.)

금양의 사업부문별 매출 현황 (단위: 백만 원, %)

사업부문	매출유형	품목	구체적 용도	주요상표 등	매출액(비율)
화학제품 제조판매	제품	발포제	고무 및 합성수지 발포	CELLCOM	98,811(64.99%)
		기 타	발포제 원료 등	–	898(0.59%)
	상품	기 타	발포제 유관제품	–	52,276(34.39%)
기타수입		기 타	임대	–	46(0.03%)
합 계			–	–	152,031(100.00%)

출처: 전자공시시스템

앞의 자료에서 살펴볼 수 있듯이 금양은 발포제 사업이 전체 매출의 대부분을 차지하는 회사였다. 즉, 금양은 원래 발포제 생산 사업만을 하는 화학기업인 셈이었다. 여기서 말하는 발포제는 고무처럼 탄성을 지닌 화학제품으로, 운동화나 요가매트 등에 주로 사용된다.

금양은 2019년 주주총회에서 2차전지 제조 및 판매업을 신규 사업에 추가하고 2020년부터 사업을 시작했다. 2023년까지 4년 정도의 시간이 흘렀지만 2차전지 관련 매출은 물론이고 생산도 여전히 불투명한 상황이었다.

동사는 2023년 사업보고서에서 2022년 3월 원통형 2차전지 700만셀 공장을 준공했고, 6월부터 상업생산을 시작했다고 공시했었다. 그러나 상업생산을 시작하고도 2024년 상반기까지 2차전지 관련 매출이 전무한 상태였던 것이다.

사실 이런 내용은 이 회사가 공시하는 사업보고만 찾아봐도 충분히 알 수 있는 내용이다. 그런데 투자자들은 이런 최소한의 작업조차 하지 않는다. 돈은 벌고 싶지만, 공부는 하기 싫어하는 것이 투자자들의 심리 상태이기 때문이다. 사기꾼들은 이런 심리를 파고든다.

주식투자의 기본은 모든 상황을 의심하는 데서 시작한다. 투자자들이 가지고 있는 정보는 제한적이기도 하고 또 모두에게 알려져서 가치가 없는 정보를 손에 쥐고 있는 경우가 많다. 정보가 가치를 갖기 위해서는 다른 사람과 차별화된 정보가 있어야 하고, 내가 알고 있는 정보가 남들보다 더 정확한 정보여야 한다.

일반투자자들 중 그런 정보를 가진 사람은 거의 없다. 문제는 너도 알고 나도 알고 있는 정보, 즉 인터넷에 떠도는 정보는 가치가 없는 정보라는 것이다. 그런 정보를 우리 투자자들은 가치 있는 정보로 오해하고, 그 정보를 적극 이용하는 경향이 있다. 의심을 해소하기 위해서는 모든 것을 확인하고 또 확인하는 것이다.

가만히 뜯어보면 코로나19 팬데믹 이후 2차전지 열풍이 불 때 이 회사도 2차전지 사업에 뛰어든다고 공시했다. 그리고 한껏 주가를 올렸다. 그러나 회사는 2차전지에서는 10원도 매출을 발생시키지 못했다. 사실 본업인 발포제 사업에서도 매출이 줄어들고 있는 상태였다.

주가를 올리는 주재료인 2차전지 사업에서 매출이 발생하지 않음에도 불구하고 올라간 주가를 어떻게 설명하면 될까. 개인적으로는 크게 한판 투기잔치를 벌였을 것으로 생각한다.

이런 일은 비단 2차전지 테마에만 있는 것은 아니었다. 2000년대 초반 IT 버블이 생겼을 때도 많은 회사가 '무선인터넷 사업 진출'이라고 공시하면서 주가를 띄웠다. 그리고 2020년대에 들어와 '메타버스' 열풍이 불 때도 메타버스 사업 진출에 대한 공시가 줄을 이었다. 문제는 이런 테마에 엮여서 상승한 기업들이 실제로는 테마가 된 사업에서 주된 매출이 크게 발생하지 않았거나 전혀 사업성이 없었던 기업이 즐비하다는 것이다.

투자자들에게 매사를 의심하고 확인하라고 하면 무척 난감해한다. 그러나 금융감독원에서 제공하는 '전자공시시스템(dart.fss.or.kr)'에서 사업보고서만 열어봐도 간단히 알 수 있다. 이런 노력도 하고 싶지 않으면 주식투자보다는 은행에 예금하는 편이 낫다. 그래야 원금이라도 지킬 수 있기 때문이다.

2. 중국에 밀리면 끝

주식시장을 이해하기 위해서는 세상이 동태적으로 움직인다는 것을 이해해야 한다. 동태적이란 말은 영어로 'Dynamic'이라 쓴다. 다이내믹은 뭔가 역동적으로 움직이는 듯한 느낌을 주는 단어다. 다이내믹의 반대말은 정태적인 것으로 'Static'이라고 쓰는데, 이는 움직이지 않고 가만히 있는 상태를 말한다.

주가는 매일 오르고 내린다. 바로 그런 모습이 동태적으로 주식시장이 움직인다는 것을 보여준다. 주가가 움직인다는 것의 문제는 기업의 가치도 움직인다는 것이다. 이는 경제 환경이 변한다는 것이기도 하다. 흔히 우리나라 경제를 소규모 개방경제(Small Open Country)라고 불러왔다.

그러나 2024년 9월 기준 우리나라는 국내총생산(GDP)을 기준으로 세계 12위권에 있어, 이제 소규모란 말은 빼는 것이 맞다. 그래서 그냥 우리 경제를 개방경제라고 부르지만 그 정도를 보면 2024년 기준 나라별 실질 GDP에서 수출이 차지하는 비중이 미국은 10%, 중국 20%, 한국 36.3%로 정말 높은 수준이다.

이 말은 우리 경제는 다른 나라의 경제 상황과 매우 밀접하게 움직인다. 우리가 다른 나라에 상품을 팔고자 한다면 우리 상품만 있다고 생각하면 안 된다. 다른 나라도 우리나라가 가지고 있는 상품을 팔려고 한다면 당연히 경쟁을 해야 한다.

1990년대에는 맥킨지(McKinsey & Company) 등 외국의 유명 컨설팅업체가 우리나라를 호두까기인형(Nut Cracker)에 끼인 호두로 표현한 적이 있다. 당시에는 기술적으로는 일본에 밀리고, 가격에서는 중국에 밀려서 이러지도 저러지도 못하는 상황을 설명한 것이었다.

약 30년의 시간이 흐른 지금, 일본의 제조업 경쟁력이 떨어지면서 더는 일본이 우리의 경쟁상대가 되지 못하는 상황이 되었다. 그러나 문제는 중국의 약진이다. 많은 한국인이 중국제품이라고 하면 허접스럽다고 생각할지 모르지만, 중국의 제조업 경쟁력이 올라오면서 품질에서는 우리 제품과 버금가는 수준이다. 또한 가격에서는 우리보다 훨씬 저렴하기 때문에 가성비 면에서 중국이 확실한 경쟁우위에 있다는 점을 이해해야 한다.

2025년 상반기 기준, 중국업체 가운데 세계 1위에 오른 기술기업은 경쟁이 가장 치열한 전기차에서 BYD(비야디)가 18%, 로봇개산업에서 유니트리가 70%, 2차전지 배터리에서 CATL이 38%, 드론산업에서 DJI가 70%, 통신장비에서 화웨이가 31%의 점유율로 각각 두각을 나타내고 있다. 이런 점에서 중국과 맞붙어서 살아남는 국내기업이 거의 없다는 점을 이해해야 한다. 중국보다 확실히 앞서지 않는다면 중국이 하지 않는 사업 분야에서 살아남아야 하는 상황이 나타난 것이다.

우리나라는 2010년을 전후로 태양광 패널에서 상당한 경쟁력을 가지고 있었다. 당시 가장 각광받았던 종목이 과거 동양제철화학이었고, 그 회사는 OCI홀딩스로 사명을 바꿨다. 글로벌 시장 진출을 위해 이름을 영어표기로 바꾼 것이다. 당시 지구온난화 문제와 맞물려 재생에너지산업에 온통 관심이 쏠리는 상황이었다. 당연히 주가는 하늘 높은 줄 모르고 폭등했다.

2005년 12월 20,600원을 기준으로 하더라도 2011년 4월 522,118원까지 상승했다. 6년 정도의 시간 동안 무려 2,434% 즉, 24배 이상 상승했다. 그러나 그 이후 중국에서 태양광 패널을 무지막지하게 만들어 냈고 이내 공급 과잉 상태에 빠졌다. 그 결과 주가는 급전직하해서 2014년 1월에는 60,500

OCI홀딩스 월봉

출처: 영웅문

원까지 떨어지고 말았다. 말 그대로 중국산에 밀리고 말았다. OCI홀딩스의 주가 동향은 다음과 같다.

2024년 기준, 전 세계 태양광 패널의 80%가 중국에서 생산되고 있다. 특히 태양광 패널의 핵심 원료인 폴리실리콘의 90%, 태양광 모듈 제조에서 가장 중요한 과정인 잉곳과 웨이퍼 제조의 97%가 중국에서 생산되고 있다. 이러한 사실로 볼 때 태양광 패널 시장에서 중국이 없으면 사실상 세계 태양광 산업이 멈춘다고 해도 과언이 아니다.

이런 상황은 최근 2차전지업계에서도 명확하게 나타났다. 코로나19 팬데믹을 전후로 환경의 중요성이 재인식되면서 세계적으로 전기차에 대한 관심이 높아졌고 전기차용 배터리업체들이 주목의 대상이 되었다.

전기차 배터리는 리튬이온전지로, 크게 2종류가 있다고 생각하면 된다. 하나는 우리나라를 중심으로 만드는 3원계(NCM: 니켈, 코발트, 망간)와 중국을 중심으로 한 LFP(리튬인산철) 배터리가 있다.

3원계 배터리는 성능이 좋은 반면 비싸다. 반면 LFP 배터리는 성능이 떨어지는 반면 싸다. 대체로 3원계 배터리에 비해 약 30% 정도 저렴하다고 보면 된다. 처음 자동차 배터리 시장에서는 조금 비싸더라도 성능이 좋은 3원계 배터리에 대한 수요가 많았다.

문제는 중국산 전기차 생산량이 폭증하면서 중국산 전기차에 채택된 LFP 배터리가 크게 늘어났다는 점이다. 중국의 전기차 생산량은 2024년 세계 최초로 1,000만 대를 돌파했고, 이는 전 세계 시장점유율의 60%를 차지하는 수준이 된 것이다.

생산량이 늘어나면 어떤 산업이든 학습효과(Learning Effect)가 나타난다. 학습효과란 같은 일을 반복하면 생산성이 높아지는 것을 의미한다. 중국산 LFP 배터리산업에서도 학습효과가 나타났다. 이에 따라 성능이 좋아지기 시작한 것이다. 결국 지금은 3원계 배터리는 가격만 비싼 그런 배터리로 전락해 버린 꼴이 되었다. 그걸 확인할 수 있는 것은 글로벌 전기차 배터리 사용량 추이를 살펴보면 알 수 있다.

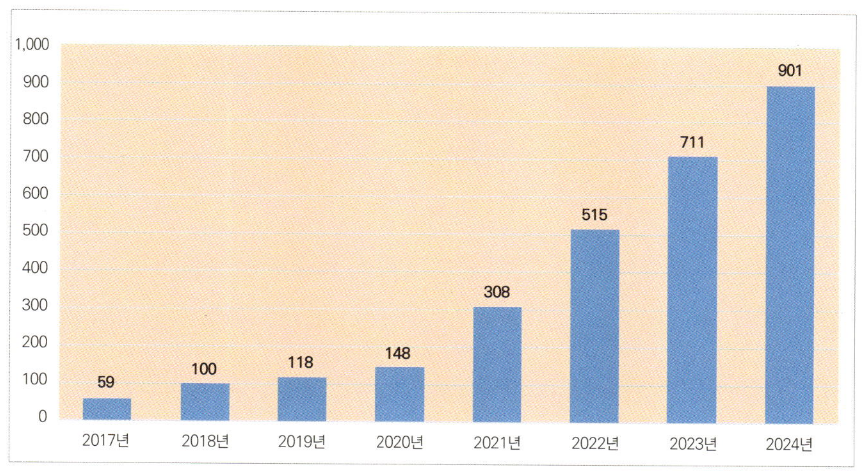

글로벌 전기차 배터리 사용량 추이(단위: GW/h)　　　출처: SNE리서치

전기차 업계에 따르면 이미 전기차 10대 중 7대가 중국산 배터리를 채용하고 있다고 한다. 글로벌 전기차 배터리 사용량 증가 상황을 본다면 우리나라 배터리보다는 중국산 배터리를 채용하는 것이 더 가파르게 증가하는 것을 유추해 볼 수 있다.

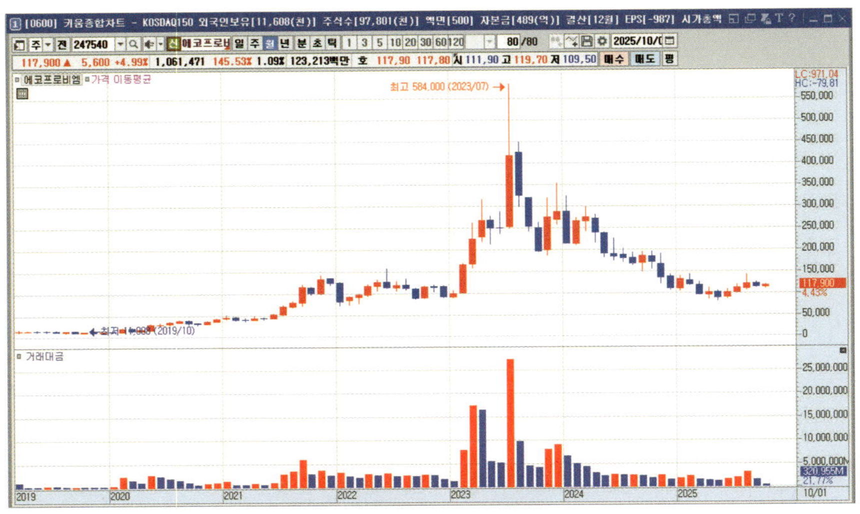

이와 같은 상황에서 우리나라 2차전지업체가 힘을 내기는 힘든 상황이 되어 버렸다. 2차전지 완성품업체인 LG에너지솔루션, 삼성SDI는 물론이고 2차전지 소재업체인 에코프로비엠, 코스모화학, 포스코퓨처엠, 엘엔에프 등 관련 종목들의 주가 하락도 눈에 띈다.

비단 태양광과 2차전지뿐만 아니라, 이미 중국 경제에 종속되었거나 중국 업체들의 약진에 애를 먹고 있는 산업이 속출하고 있다. 철강업종의 경우 중국 건설업에 종속되어 있고, 우리나라의 강점이었던 석유화학업체들도 중국 업체들의 강세에 어려움을 겪고 있다.

과거 중국은 가성비를 장점으로 세계 시장을 선도해 왔다면 이제는 품질에서도 나무랄 데 없는 제품을 만들어 내고 있다. 당분간 중국이 빠르게 성장하는 산업에서는 우리가 예전처럼 경쟁에서 우위를 확보하기가 쉽지 않을 것이다. 이러한 흐름은 반도체업종에도 현실적 위험으로 닥칠 수 있으며, 지금으로서는 이 우려가 과장이라 보기 어렵다.

3. 제3자배정으로 기업을 팔아먹는 회사

주식시장은 주식을 발행할 수 있는 주식회사의 일부분을 지분형식으로 사고파는 것이다. 주식회사에서 가장 중요한 것은 경영권이고, 모든 경영권은 다수결 원칙에 의해 결정되므로 지분율이 어떻게 결정되는가를 지켜보는 것이 핵심 중 핵심 사건이 된다.

주식시장에서 기업은 자금을 조달하기 위해 증자를 하게 된다. 증자는 유상증자와 무상증자로 구분된다. 유상증자는 주식을 발행하면서 주식대금이 회사로 들어오는 형식이고, 무상증자는 주식발행의 대가 없이 주식수를 늘려주는 형식이다. 무상증자는 자본조달과는 무관한 의사결정이므로 유상증자를 하는 경우를 보면 된다.

주식회사가 유상증자를 할 때 기본 원칙은 기존 주주의 지분율이 부당하게 변해서는 안 된다는 것이다. 그래서 주주배정 증자를 한다. 주주배정 증자란 먼저 기존 주주에게 본인의 지분율만큼 증자에 참여할 수 있는 기회를 먼저

주는 것이다. 그러나 본인이 돈이 없어 증자에 참여하지 못하게 되면, 그 부분은 권리를 행사하지 않은 실권주가 되어 별도로 다른 방법으로 처리한다. 이때는 권리를 행사하지 않았으므로 지분율이 변하더라도 회사의 책임이 되는 것은 아니다.

그런데 유상증자를 하는 방법 중 배정에 대한 기존 주주의 우선권을 인정하지 않고 일반인에게 증자에 참여할 수 있게 하는 일반공모 방법이나, 기존 주주를 배제하고 다른 사람에게 증자를 하는 제3자배정 증자가 있다. 이 경우 지분율에 치명적인 변화를 가져오기 때문에 이런 방식을 사용하려면 주주총회의 특별결의사항으로 묶어두어야 한다.

그럼에도 불구하고 기업들이 하면서 기존 대주주 지분율이 희석되고, 주주가 아니었던 다른 사람에게로 경영권이 넘어가는 경우를 종종 보게 된다. 기존 경영진보다 새로운 경영진이 더 능력 있는 경우라면 제3자배정 증자로 경영권이 바뀌는 것은 환영할 일이다.

그러나 그렇지 않고 기존 대주주들이 회사를 팔아넘기기 위해 제3자배정을 하는 경우라면 투자자들에게 치명적인 손실을 입힐 가능성이 커진다. 특히 증자가 진행되는 과정에서 M&A(기업인수합병)에 대한 기대감으로 주가가 급등하는 작전성 거래도 나타나, 투자자들에게 더 큰 상처를 주는 경우도 있다.

2023년 12월 와이더플래닛(현 아티스트컴퍼니)는 운영자금 조달을 위해 190억 원 규모의 제3자배정 유상증자를 결정했다. 물량배정 대상자 중 배우 이정재와 배우 정우성이 포함됐다. 유상증자가 마무리되면 이정재가 최대주주가 되는 것이었다. 이를 이용해서 주가는 급등했는데 단기간에 691%의 상승

아티스트컴퍼니 주봉

을 보였다. 그리고 그 이후 주가는 다시 하락하고 말았다. 그 주가 동향을 살펴보면 위와 같다.

이 밖에도 2023년 파멥신은 50억 원 규모의 제3자배정 유상증자를 했고, 텔레필드도 60억 원 규모의 제3자배정 유상증자를 단행했다. 그 과정에서 파멥신은 142%, 텔레필드는 208%의 단기 주가 상승을 보였다. 그 결과, 파멥신은 거래정지 상태에 있고, 텔레필드는 한울소재과학으로 사명을 변경한 이후 주가가 급등한 뒤 급락해 투자자들에게 큰 피해를 안겼다.

텔레필드는 2023년 11월 최대주주가 해리슨투자조합1호로 변경되면서 경영권매각이 이루어졌고, 이후 사명을 변경하고 반도체소재 등 신사업 진출을 추진했으며, 2025년 3월에는 적대적 M&A방지를 위해 황금낙하산 조항을 신설하는 등의 뉴스들이 동사의 소식으로 나와 있다. 제3자배정 증자로 경영권 분쟁, 신사업 진출 등의 공시를 바탕으로 주가 부양 그리고 이후 주가 하락의 패턴은 주식을 이용해서 돈을 버는 전형적인 패턴 중 하나다. 동사의 주가 동향을 살펴보면 다음과 같다.

한울소재과학 주봉

출처: 영웅문

주식가격이 급등과 급락을 하게 되면 그 움직임을 이용해서 큰돈을 벌 수 있으리라 생각되지만 소위 말하는 주포의 속마음을 알지 못하면 대부분의 투자자는 손해를 보게 된다. 그래서 이런 주식은 대박주식이 아니라 쪽박을 차게 되는 주식이 된다.

특히 최근 주식시장에서는 투자조합이나 사모펀드들이 활개를 치면서 무자본 M&A를 통해 주식으로 장난을 치는 경우가 종종 나타난다. 무자본 M&A를 할 때 흔히 행해지는 기업매각의 방법으로 제3자배정 유상증자가 사용되는 경우가 있다.

무자본 M&A는 돈 한 푼 들이지 않고, 차입을 통해 기업을 사들이는 행위를 이르는 말이다. 단어만으로는 어딘가 불법적인 냄새가 나지만, 모든 무자본 M&A가 불법은 아니다. 기업 간 M&A에 큰돈이 오가는 만큼 차입은 어느 정도는 불가피하기 때문이다.

문제가 되는 건 부정한 방법으로 기업의 주가를 끌어올렸을 때다. 주가를 띄울 의도로 주식을 대량으로 매입하거나, 허황한 사업을 하겠다고 발표하는 식이다. 그렇기 때문에 불법적인 거래가 적발되지 않는 경우 큰돈을 합법적으로 벌 수 있는 상황이 되는 것이다.

주가조작을 일삼는 소위 '작전세력'은 먼저 '셸(Shell, 껍데기)'이 될 회사를 찾는다. 주로 시가총액이 작은 적자기업이 먹잇감이 된다. 작전 세력은 개인 자금이나 사채 등을 끌어와 회사를 인수하고, 경영진을 모두 갈아치운다. 이후 전환사채(CB)나 유상증자로 기업 인수를 위해 빌린 자금을 갚는다. 그 다음엔 펄(Pearl, 주가 부양을 위한 호재성 공시)을 붙여 주가를 띄운다. 더 작은 기업을 인수하거나 신사업을 발표하는 방법이 대표적이다. 이후 롤링(Rolling)을 통해 시세를 조종한다. 주식을 사고팔아 거래량을 늘려 주가를 올리는 전문 롤링 팀이 있을 정도다.

과거 무자본 M&A는 사채업자에게 빌린 돈으로 코스닥 기업 경영권을 인수한 뒤 회사 돈을 횡령하는 식이었다. 이후 주가를 끌어올려 시세 차익을 내면 작전이 성공한 것으로 평가됐다. 반면 최근 무자본 M&A는 사채업자의 돈이 아닌 전환사채(CB)와 신주인수권부사채(BW) 등 메자닌(채권)을 활용한다. 그 모습은 바뀌었지만 기업 경영보다는 '머니 게임'에 관심이 있다는 점에선 동일하다.

CB와 BW는 주식으로 전환 가능한 사채를 말한다. '기업사냥꾼' 주가조작 세력들은 M&A 후 시장 기대감이 큰 신사업 등의 호재를 띄워 주가가 오르면, 주식으로 전환해 시세차익을 거둔다. CB를 담보로 자금을 차입하거나 콜옵션(주식매수청구권)을 행사해 차익을 취득하기도 한다.

무자본 M&A 세력들은 사채업자나 저축은행 등 외부에서 돈을 빌려 구주(기존에 발행된 주식)를 취득한다. '주식담보대출'이 주로 이용되는데, 인수한 주식을 그대로 담보로 제공하는 식이다. 주식담보대출에는 로스컷(반대매매 비율)이 정해진다. 통상 150% 수준이며, 경우에 따라 200%에 달하기도 한다.

주가가 담보비율 아래로 떨어져서 반대매매가 이뤄지면, 무자본 M&A 세력들은 시세차익을 보기도 전에 주식을 잃게 된다. 반대매매를 막기 위해서라도 인위적으로 주가를 부양해야 하는 셈이다. 이런 이유 때문에 무자본 M&A에서 '주가조작'은 필연적이다.

통상 주식담보대출은 연리 10% 수준으로 적용된다. 신용도 등에 따라 20%까지 높아지기도 한다. 무자본 M&A 세력 입장에서도 높은 이자와 수수료 등의 비용부담이 크다. 따라서 무자본 M&A 세력과 전주 등 관련자들은 이자와 원금을 상환하고 시세차익까지 봐야 한다. 한계기업의 M&A에서 신사업 추진 등 각종 호재성 정보를 터트리면서 주가를 끌어올리는 것이 일반적이다.

그러나 모든 제3자배정 유상증자가 나쁜 것은 아니다. SKC는 ISC 최대주
주인 헬리오스 제1호 사무투자합자회사가 보유한 지분 중 35.8%를 3,475억
원에 인수했다. 그리고 ISC는 2,000억 원 규모의 제3자배정 유상증자를
SKC를 대상으로 실시했다. ISC는 반도체 테스트 솔루션기업으로, SKC로 인
수된 이후 견조한 주가 흐름을 이어가고 있다.

모든 정보판단은 투자자 자신이 하는 것이다. 시가총액이 매우 작은 종목
은 종종 작전의 대상이 되는 경우가 많다. 그런 종목에서 기업인수합병이나
제3자배정의 유상증자가 이뤄지면 이는 단기급등과 급락하는 과정에 주식으
로 소위 한탕 해먹고 나가는 주가조작이 이뤄지는 것으로 보면 된다. 이런 주
식에서는 극소수를 제외하고는 돈을 벌 수 없다. 돈을 번 그들도 작전세력으
로 수사받으면 그나마도 유지하기 힘들게 된다. 조심해야 한다.

4. 겉보기엔 좋으나 돈을 벌지 못하는 기업

"빛 좋은 개살구"라는 말이 있다. 겉보기에는 먹음직스럽지만 맛은 없는 개살구에 빗대어, 겉만 그럴듯하고 실속이 없는 경우를 비유하는 속담이다. 우리 주위에도 입성은 좋아 보이지만 실제로는 내실이 없는 사람들도 있다.

기업도 마찬가지다. 겉으로는 최첨단 사업을 하면서 사람들의 주목을 끌지만 돈은 벌지 못하는 기업들이 있다. 사람들은 내실을 봐야 하지만 겉보기에 너무 멋있어 보이면 속을 봐야 한다는 것을 잊어버리는 경우가 많다. 특히 기업들의 이름이 그럴듯하면 더욱 그렇다.

기업은 영리를 목적으로 하는 집단이다. 그래서 기업의 최고 목표는 돈을 많이 버는 것이다. 돈을 벌지 못하는 기업은 영리조직으로서의 사명을 다하지 못하기 때문에 존재 이유가 사라지는 것이다. 투자자들은 이런 기업을 철저히 골라내야 하는데 그 번듯한 사업에 대한 헛된 희망 때문에 번번이 속아 넘어가고 만다. 이런 사례는 너무나도 많다.

2021년 코로나19 팬데믹이 진행되던 시기, 모두들 사회적 거리두기를 통해 인적교류가 어려웠던 때였다. 그때 우리 주식시장에는 메타버스(Meta-verse) 바람이 불었다. 메타버스는 가상의 세계에서 아바타를 이용해서 사회, 경제, 문화적 활동을 하는 것처럼 가상세계와 현실 세계의 경계가 허물어지는 것을 말한다. 여기에는 VR(Virtual Reality, 가상현실), AR(Augmented Reality, 증강현실), 블록체인(분산컴퓨팅기술), AI(인공지능) 등 다양한 기술이 결합된 디지털 생태계가 곧 만들어질 것이란 기대가 넘쳐났다.

주식시장에는 테마주가 형성되었다. 그리고 테마주의 상승이 나타났다. 그리고 불난 집에 기름을 붓듯이 대표적인 SNS인 페이스북(Facebook)이 이름을 메타(Meta)로 바꾸면서 메타버스에 대한 기대는 더욱 커졌다. 그리고 당시 우리 주식시장에는 메타버스 대장주로 위메이드맥스, 자이언트스탭, 위지윅스튜디오 등이 시세를 주도했고 사람들은 이들 주가 상승에 환호를 보냈다.

문제는 기술에 대한 기대는 컸지만, 이들 기업이 과연 그 기술을 통해 돈을 벌었느냐는 또 다른 이야기가 된다. 겉은 그럴듯하지만, 속 빈 강정 같은 실적

메타버스 테마 주요 기업 실적

(단위: 억 원)

사업부문	2022년		2023년		2024년	
	매출액	영업이익	매출액	영업이익	매출액	영업이익
위메이드맥스	862	253	698	38	750	−308
자이언트스탭	406	−179	423	−261	501	−173
위지윅스튜디오	1,465	−233	1,473	−203	804	−188

출처: 전자공시시스템

은 이내 사람들에게 큰 실망을 주고 말았다. 이들 기업의 최근 실적을 살펴보면 앞과 같다.

앞 표의 기업들 중 위메이드맥스는 그나마 영업이익이 발생하다 영업적자로 돌아섰지만, 자이언트스텝과 위지윅스튜디오는 영업적자가 이어지는 모습을 보이고 있다. 본업에서는 좀처럼 돈을 벌지 못한다는 것이다, 이 중 가장 관심을 끌었던 위메이드맥스의 주가 동향을 살펴보면 다음과 같다. 동사의 주가는 2021년 한 해 동안 1,502%나 올라 코스닥시장 상장 종목 중 가장 큰 상승률을 기록했었다. 그리고 2025년 11월에는 6,000원대 초반으로 내려앉았다. 투자자들은 까무러칠 지경이 되었다.

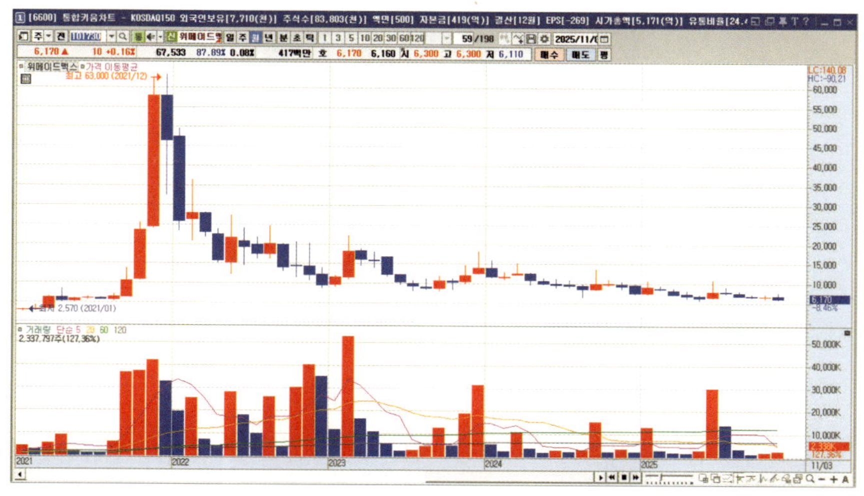

위메이드맥스 월봉

출처: 영웅문

이보다 더 극적인 사례는 2000년대 초 IT 버블 시기에 있었다. 당시 코스닥시장은 인터넷 시대가 도래하면서 바야흐로 기술주의 시대가 열렸다. 사람들은 기술을 잘 이해하지도 못했으면서도 자고 나면 상승하는 주가에 환호를 보냈다. 당시 코스닥 버블이 어떤 과정을 거쳐 일어났는지 살펴보면 다음과 같다.

IMF 외환위기를 막 지난 1999년 중반으로 들어서면서 코스닥시장의 공모주청약이 열기를 띠게 된다. 1999년 6월까지 공모주청약 예정으로 있던 기업 중 완구, 유모차, TV안테나 등을 생산하는 소예는 자산가치와 수익가치를 통해 분석한 기업본질가치는 4,200원 정도였지만 회사가 안정적인 수익성장을 보이고 있다는 이유로 등록 후 가치가 본질가치의 1.5배인 6,000~6,500원으로 평가되었다.

신세계건설은 도급공사와 빌딩관리용역을 주로 하는 신세계백화점 계열사로, 본질가치는 7,788원으로 평가됐다. 하지만 주간사는 등록 후 적정주가를 10,000원으로 평가했다.

인터파크는 인터넷쇼핑몰, 티켓예매, 전자상거래, 소프트웨어개발 등을 주로 하는 인터넷업체인데 도서, 음반, 티켓 등 문화 사업 중심의 전문인터넷쇼핑몰 운영업체로 성장한다는 계획을 가진 회사였다. 특히 동사는 전자상거래의 시너지효과를 늘리기 위해 케이블TV 사업 진출도 검토하고 있었는데, 주간사 회사는 본질가치는 2,082원으로 평가하였지만 인터넷업체의 성장성을 고려해 공모가격을 본질가치보다 훨씬 높은 15,000원으로 결정했다.

공모가가 부풀려지는 현상은 전통적인 기업보다는 첨단산업에 속한 기업일수록 그리고 그 산업이 인터넷을 기반으로 하는 사업일수록 풍선처럼 부풀려졌고 또 경쟁률은 높아져만 갔다. 특히 공모주 청약경쟁률이 1,000 대 1을 넘어선 회사들도 나타나게 된다.

시간이 갈수록 코스닥 종목들에 대한 청약 열기는 높아져 가는 만큼 등록 기업들의 공모가도 높아 갔다. 당시 시스템통합(SI) 전문업체였던 인성정보의 경우 거래소와 코스닥을 포함한 증시사상 최고 공모가인 80,000원에 공모되었다. 또한 네트워크게임 소프트웨어업체인 비테크놀러지는 액면가의 무려 50배가 넘는 프리미엄으로 펀드유치에 성공하였다.

이런 IT 열풍 속에서 특히 인터넷 관련주는 물건이 없어서 못 살 지경에 이르게 되는데 미국 나스닥시장에서 AOL(American On-Line), 야후(Yahoo) 등의 주가급등 소식이 전해지면 우리 시장에서도 인터넷주들이 상승하는 모습이 이어졌다. 인터넷주에서 드디어 황제주가 나타나게 되는데, 12월 6일 새롬기술(현재 솔본)의 주가가 액면가 5,000원을 기준으로 100만 원을 돌파한 것이다.

당시 거래소시장의 황제주는 SK텔레콤이었고 주가는 260만 원대였다. 새롬기술은 100만 원을 돌파하기 불과 한 달 전에는 15,000원이었다. 1999년 12월 코스닥시장의 황제주는 새롬기술, 다음커뮤니케이션, 한국정보통신, 태광밴드 등 4개사였다. 이들은 주가가 모두 100만 원이 넘는 주식이었다.

당시 최고의 수익률을 보인 주식은 새롬기술이었다. 주가가 200만 원을 웃돌았던 새롬기술은 모뎀을 만드는 회사인데 1998년 매출액 138억 원에 1억 7천만 원의 순이익을 냈다. 거래소시장에서 이 정도 성적표를 가진 중소기업의 주가는 20,000원을 넘기도 힘든 상황이었다.

새롬기술은 인터넷을 통해 전화통화를 할 수 있는 기술을 제공하는 기업이었다. 그런데 그 인터넷전화는 무료였다. 영리를 목적으로 해야 하는 기업의 주요 서비스가 무료였던 것이다. 돈을 못 버는 기업인 셈이다. 그러나 사람들은 그런 것에는 관심이 없었다.

당시 어느 정도였느냐 하면 "돈을 못 버는 기업의 주가가 너무 높아 거품이 심하다"라고 논평을 하면 "기술발전도 이해 못 하는 사람이 무슨 논평이냐"라는 비난이 쏟아졌다.

그러나 IT 버블이 꺼지자 사람들이 입을 모아 한 말은 "돈을 못 버는 기업은 회사도 아니다"였다. 지금은 솔본으로 이름을 바꾼 새롬기술의 당시 주가 동향을 보면 다음과 같다.

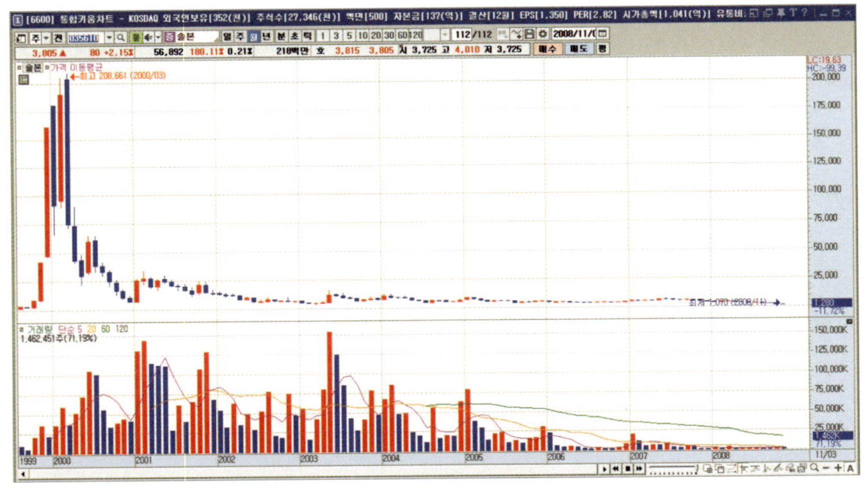

새롬기술(현 솔본) 월봉　　　　출처: 영웅문

지금은 AI 시대가 도래했다. 그리고 엔비디아가 시세를 주도하고 있고 우리나라에서는 삼성전자와 SK하이닉스가 시장을 이끌고 있다. 시간이 지나면 스타트업 기업들을 비롯해서 테마가 형성되면서 우후죽순처럼 관련 기업들이 나타날 것이다. 그때 주목해야 하는 것은 이들 기업 중 누가 돈을 벌고 있느냐 하는 것이다.

아무리 기술이 좋고, 사업전망이 좋아도 돈을 벌지 못하는 기업은 기업이 아니다. 조금 심하게 말하면 동아리에 지나지 않는다. 그런 기업은 결국 투자자들의 계좌를 멍들게 한다. 자칫 시세를 쫓다가 패가망신하는 일이 생길 수 있다.

5. 회사의 자원을 함부로 쓰는 기업

우리 속담 중에 "말 타면 종을 두고 싶다"라는 말이 있다. 이 말은 사람의 욕심은 끝이 없다는 의미로 사용된다. 이것은 경영자들에게도 적용된다. 회사를 만들고 나면 더욱 큰 규모로 키우고 싶다는 욕구가 생기게 된다. 경영자들이 회사를 키우려는 욕구를 가지고 있는 것은 당연한 이치라고 생각할 수도 있다. 그러나 자신의 분수에 맞는 경영 전략이라면 모르겠지만, 너무 무리하게 사업을 확장하다 보면 오히려 낭패를 보게 되는 일이 생기게 된다.

기업의 성장 전략 중 다각화 전략이 있다. 다각화란 지금 본인들이 하고 있는 업종 이외의 업종으로 진출하는 전략이다. 예를 들어 휴대폰을 만드는 회사가 반도체 업종으로 나간다든지, 그렇지 않으면 자동차 업종으로 진출을 시도하는 등의 행위를 말한다.

다각화는 여러 가지 이점이 있다. 그중 가장 큰 이점은 실적 변동성의 안정화라는 것이다. 예를 들어 삼성전자의 경우 크게 3가지 사업부로 나눌 수 있다. 반도체와 인터넷 모바일, 가전 사업이 그것이다. 이들 세 사업부는 삼성전자의 실적을 상호 보완적으로 뒷받침해 준다. 반도체가 부진할 때는 인터넷 모바일 사업부 즉, 휴대폰에서 실적을 올려주고, 반도체와 인터넷 모바일 사업부 모두가 부진할 때는 가전 사업부에서 실적을 보완해 준다. 이런 것이 다각화가 갖는 이점이다.

그런데 전설로 떠나는 월가의 영웅의 주인공인 피터린치(Peter Lynch)는 '사업다각화(Diversification)'의 나쁜 예로 '사업다악화(Deworthification)'란 단어를 사용했다. 사업다악화는 기업이 가진 자원으로 수익성 있는 사업에 사용하는 것이 아니라 수익성이 보장되지 않는 사업에 진출한다든지, 그렇지 않으면 무리한 사업 확장을 통해 본업까지 망치게 되는 경우를 말한다.

사업다악화의 가장 대표적인 예는 승자의 저주(Winner's Curse)가 나타나는 것이다. 승자의 저주는 "이익 없는 승리, 상처뿐인 영광"으로 치열한 전쟁에서 승리했지만 아무것도 얻은 것이 없을 뿐 아니라 오히려 자신이 입은 상처 때문에 본인이 위험에 처하게 되는 것을 말한다.

기원전 3세기 그리스 북서부 에페이로스의 왕이자 뛰어난 장군이었던 피로스 1세는 로마를 침공해서 승리를 거두었지만 5년 동안의 전쟁에서 70%의 병사를 잃고 거둔 승리였다. 그는 승리를 축하하는 자리에서 "한 번만 더 전쟁한다면 나라가 끝장날 것이다"라고 말했다고 한다.

실제 승자의 저주는 1950년대 미국 텍사스주의 해양석유채굴권 경매에서 과열된 경매 분위기로 인해 낙찰가가 실제가치보다 과도하게 경정된 사례를 두고 나왔던 말이고, 1992년 미국 시카고대학교의 리처드 탈러 교수에 의해

널리 알려지게 되었다.

많은 경우 사업다각화는 기업인수합병 과정에서 나타난다. 기업인수합병 즉, M&A에는 두 가지 형태가 있다. 하나는 적대적 M&A로 상대기업을 강제로 인수하는 경우인데, 주식시장에서 지분을 경쟁적으로 사게 되므로 인수비용이 높아지는 문제점이 있다. 다른 하나는 우호적 M&A로 양자 간에 합의에 의해 인수합병이 이루어지므로 상대적으로 승자의 저주에 빠질 가능성이 적은 방법이다.

특히 적대적 M&A를 치르는 과정에서 상대기업을 인수하기 위해 과도하게 많은 비용을 지출함으로써 M&A에서 성공한 뒤에 인수에 성공한 기업마저 부실해지는 경우를 말한다. 전형적인 적대적 M&A의 형태는 아니지만 기업을 인수하기 위한 입찰 과정에서 입찰금액을 경쟁적으로 높이는 과정이 나타난다면, 이는 비용이 커지는 적대적 M&A의 형태를 보인다고 할 수 있다.

우리 시장에서는 금호아시아나그룹이 입찰을 통해 대우건설을 인수했다가 다시 토해내는 과정에서 금호산업은 물론이고 금호그룹 전체가 위험에 빠지는 일이 있었다. 그 과정에서 승자의 저주 현상이 나타나 주목을 끈 용어이다.

재벌그룹이 기업인수를 통해 몸집을 불리려는 이유는 다음과 같다. 겉으로는 경영 합리화나 사업 영역 확대와 같은 장밋빛 계획을 내세우지만, 그 이면에는 IMF 외환위기를 지나면서 우리나라의 재벌그룹이 확인하게 된 '대마불사(大馬不死)', 영어로는 'Too big to fail'이라는 환상이 크게 작용한다. 규모가 커지면 큰 기업이 무너질 때 경제에 미치는 충격도 커져, 정부가 쉽게 구조조정을 하지 못할 것이라는 계산이 깔려 있는 것이다.

다시 말해, 경제위기를 볼모로 자신은 영원히 살아남을 것이라고 착각에 빠지는 셈이다. 그러나 경제 원칙은 희소한 자원을 가장 수익성이 높은 쪽으로 배분하는 것이며, 부실해진 기업이 결국에는 살아남을 가능성이 희박하다는 사실을 분명히 보여준다.

대우건설의 부실로 인한 인수합병은 대우그룹이 해체됨에 따라 기나긴 여정이 시작되었다. 금호아시아나그룹은 대우건설을 인수하고 곧이어 대한통운을 인수하는 등 기업의 외형적 확장을 꿈꾸었고, 건설을 그룹의 주력업종으로 키우려는 목적을 가지고 있었다. 2006년 11월 15일, 금호그룹은 대우건설 채권단과의 SPA계약(주식매매계약)을 통해 인수계약을 체결하였다.

이때 인수금액은 약 6조 4,255억 원에 달하는 금액이었으며, 당시 대우건설의 인수 적정가가 3조 원 정도로 예측되었던 것을 감안할 때, 아주 높은 금액이라고 볼 수 있다. 당시 두산그룹(6조 4천억 원), 프라임그룹(6조 1천억 원), 유진그룹(6조 원) 등 대우건설 인수를 향한 열기가 과열되어 이처럼 높은 금액이 형성되었다.

그해 12월 15일, 금호그룹은 대우건설의 지분 72.11%를 인수했는데, 이 중 32.54%를 금호그룹이 인수하였고, 나머지 39.57%은 재무적 투자자(FI: Financial Investor)들이 부담하였다. 대신 2009년 말에 주당 32,500원에 금호가 다시 매입하는 계약을 넣었다. 이런 계약을 풋백옵션(Put Back Option)이라 한다. 이에 따른 주식매도 선택권을 지불하려면 금호그룹은 약 4조 원에 달하는 자금을 마련해야 하는 위험이 있었다.

인수 당시 금호그룹은 대우건설의 미래를 굉장히 긍정적으로 바라보았다.

주당 인수금액인 26,262원은 당시 주가인 15,000원 선보다 70% 이상 프리미엄이 붙은 금액이었다. 경영권 프리미엄을 가졌다고 하더라도, 다소 높은 금액으로 보인다. 여기에 재무적 투자자들에게는 32,500원의 풋옵션까지 추가되었다. 이는 당시 주가의 두 배를 훌쩍 넘는 금액이다.

금호그룹은 재무적 투자자들이 부담하는 3조 5천억 원을 제외하고도, 자기 지분으로 2조 9천억 원을 조달하였는데, 이마저도 대부분 금융사를 통해 차입한 금액이었다. 이처럼 대우건설 차입조달금은 온통 빚이었다.

이는 대우건설의 주가가 32,500원을 넘어 상승할 땐 레버지리를 통해 순식간에 기업을 부풀릴 수 있는 방법이었지만, 만약 주가가 기대치에 미치지 못한다면, 재무적 투자자들에게 지불해야 하는 금액만큼 금호그룹이 손실을 떠안고, 2조 9천억 원에 대해서도 계속해서 빚을 갚아야 하는 리스크가 큰 인수 방식이었다.

2009년 32,500원이라는 재무적 투자자 대상의 풋백옵션은 금호그룹을 향한 칼날이 되었다. 금호그룹은 대우건설의 주가를 40,000원 이상으로 낙관적으로 전망했으나, 2008년 글로벌 금융위기의 여파로 주식시장은 침체되었고, 대우건설의 주가는 10,000원 선에 머물렀다.

또한 조달한 자금에 대해서 이미 수백억 원의 이자를 갚고 있던 차였다. 이에 재무적 투자자 대상의 풋백옵션을 갚고, 이자비용을 조달하기 위해, 금호건설과 금호타이어는 구조조정을 실시하고, 2007년에는 모건스탠리에 대우빌딩을 매각하였다. 대우건설 직후 인수된 대한통운의 경우에는 우수한 실적을 가지고 있었지만, 대우건설로 진 빚을 갚기 위해 대한통운 역시 매각할 수

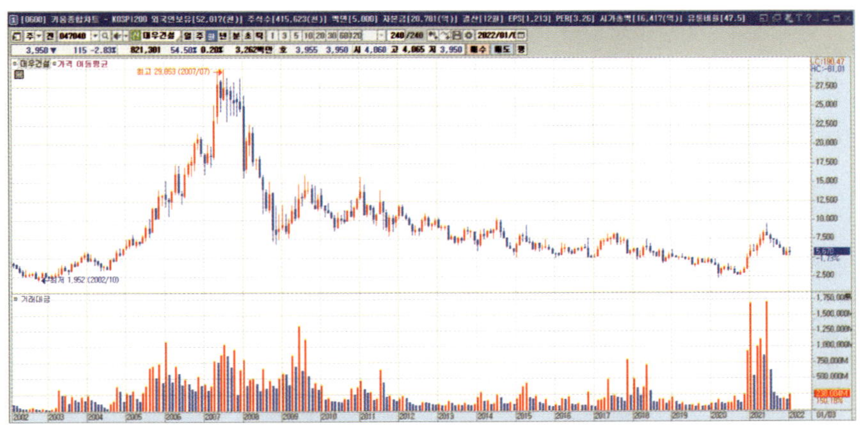

대우건설 월봉

출처: 영웅문

밖에 없었다.

이외에도 금호렌터카, 한국복합물류의 회사들도 팔게 된다. 2019년에는 박삼구 회장이 사퇴하고, 경영권을 포기하였으며, 아시아나항공마저 매각하기로 결정한다. 2020년 말에는 전략경영실을 해체하며 실질적으로 금호그룹을 해체하게 되었다.

금호아시아나그룹이 승자의 저주에 빠진 이유는 내부적 요인과 외부적 요인이 결합되어 나타난 결과이다. 그런데 그 요인들이 너무나도 전형적인 것이었다.

① **너무 높은 인수비용:** 대우건설의 실적이 양호하였고, 당시 두산그룹, 유진그룹 등 다른 기업들이 인수단에 참여하며 과열되는 양상을 보였다. 당시 3조 원가량으로 평가를 받던 대우건설이 6조 4천억 원이라는 2배를 훌쩍 넘는 금액으로 인수되는 계기가 되었다.

② **70%의 지분을 모두 인수:** 사실 기업의 경영권을 가져올 때에도 40~50% 정도만을 인수해도 충분하다. 무리하여 너무 많은 지분을 인수한 것 역시 금호그룹의 재무부담을 가중시키는 원인이 되었다.

③ **재무적 투자자에 대한 과도한 풋백옵션:** 인수 당시 15,000원 선이던 주가의 2배를 뛰어넘는 32,500원이라는 너무 높은 풋백옵션을 설정하였다. 물론, 이는 앞의 두 이유로 파생되는 것이라 볼 수 있다. 조달비용이 너무 컸기에 금호 입장에서 상당히 불리한 조항을 추가할 수밖에 없었을 것이다.

④ **글로벌 금융위기:** 내부적인 문제가 있어도 외부환경이 좋은 경우 손실을 줄일 수 있지만 외부변수마저도 불리하게 돌아갔다. 금호아시아나의 낙관적 전망과는 다르게, 2008년 글로벌 경제침체 이후 2009년 풋백옵션 조항에 대응하기에는 시간이 너무 짧았다.

금호아시아나의 대우건설 인수 실패 이외에도 두산그룹의 두산밥켓 인수 사례도 있었다. 두산은 밥켓인수 이후 계열사들이 대거 부실화되는 어려움을 겪었다. 그러나 시간이 지나면서 밥켓이 되살아나 정상화되었지만, 그 전략이 남긴 상처가 치유되는 데 너무 많은 투자자가 낭패를 보게 되었다는 점에서 잘못된 결정으로 봐야 한다.

회사의 자원을 생산성 있는 투자안에 투자하지 못하고, 무리한 투자로 승자의 저주에 빠지는 기업이 있다. 이런 기업이 운 좋게 정상화되면 회사 자체는 살아남을진 몰라도, 투자자들은 너무나도 큰 상처를 입기 마련이다. 따라서 이런 기업은 가급적 피하는 것이 바람직하다.

6. 분식회계를 일삼는 기업

거짓말을 일삼는 사람과는 함께할 수 없다. 사람이 말로써 신뢰를 잃으면 곁에 있던 사람들이 떠나간다. 기업도 마찬가지다. 기업의 언어는 회계장부다. 기업은 회계장부를 통해 투자자들과 소통한다. 그래서 투자자들은 회계에 대한 지식이 있어야 한다. 기업이 하는 말을 알아들어야 소통이 가능하기 때문이다.

주식시장은 원래 정보비대칭이 큰 시장이다. 정보비대칭이란 정보를 많이 가진 사람과 적게 가진 사람이 있어, 시장 효율성과 공정성을 저해하는 현상이다. 정보를 많이 가진 사람이 적게 가진 사람에게 사기적인 행위를 하는 문제가 발생한다는 것을 많은 학자가 연구 결과로 내놓았다.

생활 속에서 정보비대칭이 큰 시장은 중고차 시장이다. 중고차를 팔려는 사람은 자기 차의 상태를 잘 안다. 그러나 중고차를 사려는 사람은 자동차에 관해 전문가적인 지식을 가지고 있지 않는 한 사려고 하는 차의 상태를 한눈에 알아보기 어렵다. 그래서 중고차 매도인은 차의 상태를 속이고 제값보다 더 높은 가격에 팔려고 한다는 것이다.

사실 중고차 시장보다 더 큰 정보비대칭은 주식시장에 있다. 기업에 대해 제일 정확하게 알고 있는 사람은 그 회사의 경영자다. 경영자는 실적으로 평가받게 되는데 자신의 무능을 덮기 위해 장부를 속이는 일을 서슴지 않고 하는 경우가 많다. 그럴 때 분식회계가 이루어진다.

분식회계는 회사가 장부를 통해서 거짓말을 하는 것이다. 사람이 거짓말을 일삼으면 함께할 수 없듯이 기업이 분식회계를 일삼는 경우에도 함께해서는 안 된다. 일반적으로 분식회계는 다음과 같은 수법으로 이루어진다.

(1) 자산 부풀리기

불량자산 처리하지 않기

제일 많이 사용하는 방법 중 하나는 자산 부풀리기로, 그중 첫 번째 방법은 불량자산을 처리하지 않는 것이다. 회사는 보유하고 있는 자산이 부실화되면 그 가치를 줄여서 보고하는 것이 원칙이다. 그러나 부실화된 자산의 가치를 줄이지 않는다는 것은 그만큼 자산을 부풀린 것으로 봐야 한다.

예를 들어 장부에는 외상매출금이 1억 원이 있는데, 실제로는 외상으로 물건을 사간 사람이 부도가 나서 외상대금을 못 받는 경우라면 외상매출금 1억 원은 없어져야 한다. 그러나 그대로 남아 있는 경우 자산을 과다계상한 것이 된다.

감가상각비 줄이기

자산 부풀리기는 감가상각을 제대로 하지 않는 것이다. 유형자산 등은 시간이 지남에 따라 감가상각을 통해서 그 가치가 줄어들게 된다. 그런데 감가상각을 제대로 하지 않으면 자산가격이 줄어들지 않아 이 또한 자산가치를 부풀리는 결과로 나타난다.

(2) 부채 줄이기

부채를 줄이게 되면 자기자본이 커져서 부채비율이 줄어들어 재무구조가 우량회사처럼 보일 수 있다. 그래서 차입금이나 외상매입금 등 부채 항목을 일부러 누락시키면 부채가 작게 나타날 수 있다.

(3) 수익 늘리기, 비용 줄이기

분식회계를 할 때 자산 부풀리기만큼 많이 쓰는 방법이다.

매출액 늘리기

수익 늘리기에서 가장 많이 쓰는 방법은 가공의 매출을 늘리는 것이다. 매출액을 부풀리면 돈을 많이 버는 회사처럼 보이게 할 수 있다. 예를 들어 할부매출을 한 경우 내년에 매출로 돌아와야 하는 부분을 올해의 매출로 당겨서 계산하면 매출이 과대계상 되어 이익을 늘릴 수 있다. 그렇지 않으면 있지도 않은 매출을 거짓말로 넣는 경우도 있다. 이런 경우는 아주 질이 나쁜 사례다.

비용 줄이기

비용 줄이기도 많이 사용된다. 그 지출항목이 발생했을 때 그것을 비용으로 처리하지 않고 오히려 자산가치 증가로 처리하는 경우도 있다. 물론 감가상각비를 줄이는 것도 비용 줄이기로 들어갈 수 있다.

부채를 축소해서 이자비용 줄이기

부채를 줄이면 이자비용도 줄어드는 것처럼 보일 수 있다. 부채를 장부가치로 계산하지 않고 실제가치로 계산하면 부채 규모가 인위적으로 줄어드는 경우가 있다. 이렇게 되면 시장가치를 기준으로 한 이자비용이 적게 계상되어 이익을 부풀리는 결과를 가져올 수 있다.

기업의 분식회계는 지금까지 설명한 것보다 더 지능적이고 악질적으로 행해지는 경우가 많다. 따라서 아무리 전문가라 하더라도 원래 장부인 원장을 대조하지 않으면 찾아내기 어려운 경우가 많기 때문에 개인들이 제대로 가려내기는 어렵다. 그러나 갑자기 부채가 늘어난다든지 느닷없이 실적이 적자로 변한다든지 하는 경우는 분식회계로 이어질 가능성이 크다는 점을 기억해야 한다.

분식회계의 다른 얼굴도 있다. 빅배스(Big Bath)라는 이름의 부실한 실적 털어내기가 있다. 실적발표 시즌에 가장 낭패스러운 일은 애널리스트들이나 투자자들을 깜짝 놀라게 하는 어닝쇼크가 발생하는 경우다. 어닝쇼크는 시장이 기대했던 것에 훨씬 못 미치는 실적을 발표하는 것을 말한다.

어닝쇼크의 다른 이름으로 빅배스가 있다. 시장이 전혀 예상치 못했던 큰 적자가 발생하는 경우가 있는데 대부분의 경우 그동안 손실처리를 하지 않고 있던 항목을 한꺼번에 실적에 반영시킴으로써 나타나는 현상이다. 빅배스는 붕어를 잡아먹는 물고기 배스를 말하는 것이 아니고, 시원하게 목욕을 하는 것을 빗대서 쓴 말이다.

빅배스의 사례는 다음과 같다. 2024년 결산실적을 발표할 때 현대건설은 대규모 영업손실을 발표했다. 연결 대상 회사인 현대엔지니어링이 2019~2020년 인도네시아에서 연이어 수주한 정유공장 프로젝트에서 발생한 1조 원대의 손실을 이때 반영한 것은, 그동안의 부실을 한꺼번에 털어낸 조치였다.

당시 현대건설은 발표 직후에는 주가가 급락했지만, 이후 더 이상 실적이 나빠지지 않을 것이란 기대로 주가가 반등했다. 그러나 빅배스를 한다고 해서 곧바로 주가가 오르는 것은 아니다.

2015년 10월 22일 삼성E&A는 3분기 실적을 발표하면서 1조 3천억 원이 넘는 적자를 발표했다. 시장 전망치는 150억 원의 흑자를 예상하고 있었는데 말이다. 해외에서 저가수주를 한 부실을 한꺼번에 털어버린 것이었다. 비단 삼성E&A뿐 아니다. 해외 건설에 집중했던 건설사 대부분이 어닝쇼크를 기록했었다.

삼성E&A는 실적발표 전 21,000원대에 있던 주가가 실적발표 이후 급락세를 보여 12월 14일 7,948원까지 1/3토막이 났다. 삼성E&A가 빅배스 전 주가를 회복하는 데 6년이란 시간이 걸려 2021년에서야 21,000원을 넘어서는 모습을 보였다. 당시 삼성E&A의 주가 동향을 살펴보면 다음과 같다.

동사의 경우 빅배스를 하기 전부터 주가가 지속적으로 하락하는 모습을 보였다. 그만큼 실적이 나빠지고 있었다. 문제는 주가가 하락한 이후 이제 더는 실적이 나빠지지 않고 돌아설 것이란 소문이 시장에 돌고 있는데 빅배스가 나타났다는 것이다.

삼성E&A 월봉

출처: 영웅문

빅배스는 경영자 교체 시기에 발생하는 경우가 많다. 실제로 경영진 교체가 자주 일어났던 2010년부터 2013년 사이에 시가총액 상위 100개 회사 중 CEO가 교체된 곳이 37개였다. 이 중 26개사가 CEO 교체 직후 영업이익이 나빠졌다. 반면, 11개 회사는 바로 다음 분기에서 영업 실적이 높아진 것으로 보아, 빅배스 전략을 취한 것으로 보인다.

그렇다면 그 시기에 빅배스를 자주 하는 이유는 무엇일까? 실적부진의 책임을 전임자에게 넘기고, 다음 해 더 큰 실적을 이룬 것처럼 자신의 성과를 부각시키기 위해서 한다는 의견이 지배적이다. 회사의 큰 손실을 일회성비용으로 처리하면 새로운 경영자의 다음 해 실적은 상대적으로 좋아 보이게 된다.

이는 전문경영자들을 채용하는 기업에서 경영자의 임기가 비교적 단기에 끝나게 되는 경우, 경영의 지속성이 결여되는 결과로 나타난다. 주주 입장에서는 하나의 큰 주가 변동 위험이 된다.

빅배스는 회계조작과는 조금 다른 면이 있어 불법이라고 보기는 어렵다. 왜냐하면 회계처리를 위해 충분히 택할 수 있는 방법 중 하나이기 때문이다. 예를 들어 건설회사의 경우 매출과 손익을 공사진행기준으로 인식할 수도 있고, 공사완성기준으로 인식할 수도 있다.

공사진행기준은 공사가 진행되는 공정진행률에 따라 그 비율대로 매출과 손익을 인식하기 때문에 큰 문제는 없지만, 공사완성기준인 경우 긴 시간 공사를 진행하기 때문에 그동안 쌓였던 손익을 한꺼번에 인식하는 과정에서 나타난다. 그래서 불법은 아니란 말이다.

분식회계를 하는 기업은 금융당국에 의해 상장폐지 조건에 해당되는 경우 거래정지 등의 제재를 받게 된다. 분식회계를 한 기업은 절대 매수해서도 안 되고 보유해서도 안 된다. 그러나 빅배스를 한 기업의 경우는 거래정지 등의 제재를 받지 않는다.

빅배스를 한 기업의 경우는 빅배스로 인해 주가가 급락한 이후 실적을 회복할 수 있는지를 확인해야 낭패를 벗어날 수 있다. 즉, 빅배스가 호재가 되는 경우도 있지만, 악재가 되는 경우도 있다. 어떤 경우든 투자자의 눈을 가린 채 큰 주가 변동을 일으키는 기업은, 그 기업의 주식을 쪽박주식으로 분류해야 한다.

7. 진입장벽이 낮은 산업에 있는 기업

사람들이 많이 모이는 곳에서 나 혼자만 장사를 한다면 아마도 대박 날 것이다. 그런데다가 나를 위해서 동네에 힘 꽤나 쓴다는 어깨들이 내 주변을 둘러싸 장사할 영역을 보호해 준다면 더욱 좋은 환경이 된다. 왜냐하면 내가 장사하는 영역에 남들이 들어오지 못하기 때문이다. 이렇게 내 영역에 남들이 제대로 들어오지 못하게 하는 요인들을 진입장벽이라 한다.

진입장벽이 높으냐 낮으냐에 따라 그 안에서 사업하는 사람들의 수익성이 달라진다. 만약 진입장벽이 높아서 남들이 그 담벼락을 제대로 넘어오지 못하는 상황이 되면 나 혼자만 장사하면 된다. 그런데 담벼락이 낮아서 누구나 담을 넘어올 수 있으면 경쟁이 치열해져서 벌어먹고 살기 힘든 상황이 나타나게 된다.

그래서 진입장벽이 높은 산업에 있는 기업들은 수익성이 높고 그에 따라 기업가치도 높아지는 것이 일반적이다. 그러나 진입장벽이 낮은 산업에 있는 기업들은 수익성도 낮다. 그렇지 않으면 적자를 면하기 어렵고 시간이 지나면 기업을 유지하기도 힘든 상황에 빠지게 된다. 이런 기업의 주식은 대표적인 쪽박주식이 된다.

기업들이 절대 처해서는 안 되는 상황은 가격경쟁에 빠지는 것이다. 회사가 어쩔 수 없이 가격경쟁에 빠지는 것은 큰 문제를 일으키게 된다. 그러나 기업은 제품의 가격을 이용해서 다양한 전략을 사용하기도 한다.

예를 들어 신제품으로 기존 시장에 진입하려는 기업이 소위 '시장 침투 전략'으로써 제한적인 가격 인하를 하는 것이다. 시장에 침투하기 위해 쓸 수 있는 가장 손쉬운 수단이 바로 가격을 낮춰 싼 맛에 물건을 사게 하는 것이기 때문이다. 그래서 시장 침투 전략은 싼값에 물건을 팔면서 사람들의 주의를 끄는 것이라 할 수 있다.

동네 시장에 '청춘청과'라는 채소가게가 있다. 처음 가게를 오픈할 때는 다른 가게들에 비해 월등히 낮은 값에 채소를 팔았다. 그랬더니 동네 주부들은 물론이고 1인 가구 생활인들이 그 가게로 몰려와 다른 곳과 품질은 비슷하지만 싼 채소를 듬뿍 사서 돌아갔다.

이렇게 사람들에게 가게의 인지도를 올린 다음에는 다른 가게들과 비슷한 수준으로 값을 올려 정상적인 영업을 한다. 이런 것이 시장 침투 전략이다. 이렇게 회사 전략의 한 수단으로 가격경쟁을 하는 것은 회사의 선택이니 이 자체로 불안한 경영 상태라고 보기는 어렵다.

이 외에도 각 기업이 다른 경쟁사와 경쟁할 때 쓸 수 있는 수단은 여러 가지가 있다. 대표적인 것이 바로 차별화 전략이다. 다른 회사에 비해 우리 회사가 갖는 차별점을 포인트로 고객에게 다가가는 것이다. 대표적인 예가 바로 애플의 아이폰이다. 스마트폰은 크게 두 진영으로 나뉜다. 애플의 iOS와 구글의 안드로이드다. 애플을 제외한 대부분의 휴대폰은 구글 안드로이드 진영이다. 그러니 애플 아이폰은 다른 회사의 폰들과 차별점을 만들어 낼 수 있다.

그런데 그 차별점이 고객에게 매우 매력적인 포인트가 된다. 애플이 갖는 대표적인 차별점은 바로 보안이다. 애플 아이폰은 동기화를 하지 않는 조건에서 보안이 절대적으로 지켜진다. 그러나 안드로이드는 그런 보안이 매우 취약하다.

예를 들어 아이폰의 아이메시지와 통화기록은 절대 보안이 지켜진다. 그러나 안드로이드의 경우 외부에서 내 폰을 들여다볼 수 있는 것은 물론이고 카카오톡 메시지 등을 외부에서 인위적으로 넣을 수도 있고 삭제할 수도 있다. 이런 것은 과거 국회에서 시연된 적이 있다.

이러한 차별 포인트를 이용해서 스마트폰 시장 점유율이 20%가 안 되는 상황에서도 애플은 스마트폰 시장에서 벌어들이는 영업이익의 대부분을 가져갈 정도로 수익성이 높다. 애플은 2023년 기준 세계 스마트폰 시장 영업이익의 85%를 차지하고 있다. 이렇게 차별화 전략에 쓸 수 있는 수단들은 회사 상표에 대한 충성도나 우수한 품질 등 가격을 내리지 않고도 충분히 경쟁할 수 있는 것들이다.

그러나 이런 시장 침투 전략에 의한 제한적인 가격 인하 전략이나 제품 차별화 전략 등이 통하지 않는 경우 결국 기업들이 최종적으로 선택할 수밖에 없는 것은 가격을 내리는 가격 전략뿐이다. 기업은 비싼 물건은 비싼 값에 팔

수 있어야 하고, 싼 물건은 싼값에 팔 수 있어야 정상적이다.

그런데 싼 물건을 비싼 값에 팔 수 있는 기업은 독점기업일 가능성이 커서 기업에게는 좋은 일이 되지만, 문제는 비싼 물건을 싸게 팔아야 하는 상황에 처한 기업은 낭패를 볼 수밖에 없다. 물건을 팔아도 남는 이익이 없기 때문이다.

주식시장에는 진입장벽이 높아서 큰 수익을 남기는 기업은 사실 몇 개 되지 않는다. 대부분의 기업은 진입장벽이 낮아서 결국은 가격경쟁을 하는 상황에 처해지게 되고 이로 인해 적자를 보다가 시장에서 사라지게 된다.

일상에서 이런 기업을 찾는 방법은 정기적으로 할인세일을 하는 기업을 살펴보는 것이다. 주식시장에서는 그동안 할인세일을 하지 않던 기업이 세일을 시작하면 일단 위험한 신호로 해석한다. 특히 브랜드 의류나 아웃도어 제품 등 평소에 고가에 팔리는 물건을 할인세일 하는 경우는 더욱 불안한 신호가 된다.

물론 기업 입장에서는 쌓여 있는 재고를 털어내기 위해 하는 고육책일 수 있다. 그러나 시장의 소비자 입장에서는 시간을 두고 기다리면 시즌상품을 사지 않아도 싼값에 이월상품을 살 수 있다고 인식하게 되어, 정가에 사는 것을 꺼리게 된다.

에르메스, 샤넬, 루이비통 등 외국 명품을 보면 신제품 등이 나왔을 때 판촉행사를 하는 경우는 있어도 할인세일은 하지 않는다. 그렇게 그들은 자신들의 가치를 유지하는 것이다.

오래된 일이긴 하지만, 1980년대와 1990년대 우리나라 여성복 브랜드 중 대표브랜드로 '논노'가 있었다. 명동에 가면 옥외광고판에 당대 최고의 여배우가 모델이 되어 사람들의 눈길을 끌었던 인기상표였다. 그런 제품이 어느 날 할인세일을 시작하더니 언젠가부터는 사람들의 시선에서 완전히 사라져 버렸다.

마찬가지로 한때 유행했던 청바지 브랜드들도 처음에는 엄청난 인기를 얻었지만 결국 하나둘 할인세일을 하면서 차례대로 사라져 버렸다. 결국 할인세일이라는 가격경쟁에 빠지게 되면 기업 입장에서는 수익이 나지 않아 망해 버리게 되는 것이다.

진입장벽이 낮은 기업의 특징은 변별력 없는 상표, 적은 판매수입, 그리고 낮은 ROE(자기자본이익률) 등으로 나타난다. 문제는 어떤 기업도 어려움에 처하면 가격경쟁에 들어가지 않을 수 없다는 점이다. 그 가격경쟁은 우리나라

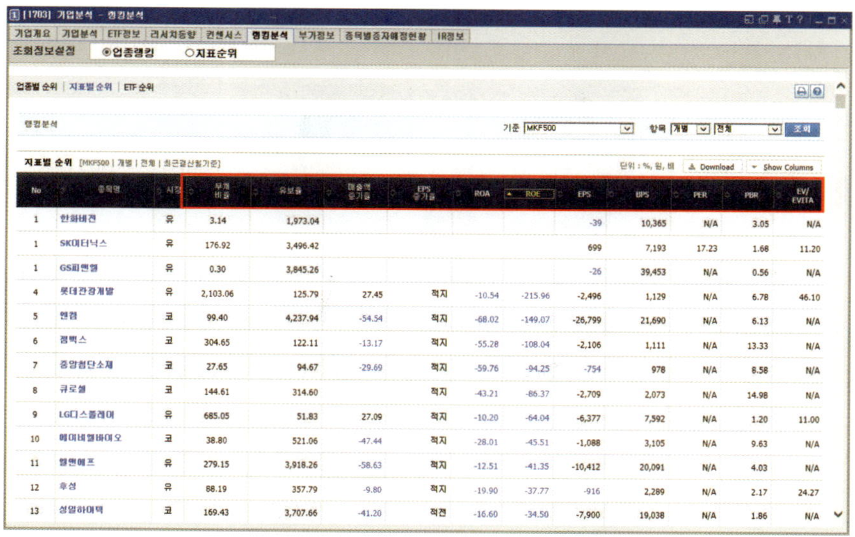

No	종목명	시장	부채비율	유보율	매출액증가율	EPS증가율	ROA	ROE	EPS	BPS	PER	PBR	EV/EVITA
1	한화비견	유	3.14	1,973.04					-39	10,365	N/A	3.05	N/A
1	SK머티리얼즈	유	176.92	3,496.42					699	7,193	17.23	1.68	11.20
1	GS피앤엘	유	0.30	3,845.26					-26	39,453	N/A	0.56	N/A
4	롯데관광개발	유	2,103.06	125.79	27.45	적지	-10.54	-215.96	-2,496	1,129	N/A	6.78	46.10
5	엔켐	코	99.40	4,237.94	-54.54	적지	-68.02	-149.07	-26,799	21,690	N/A	6.13	N/A
6	젬벡스	코	304.65	122.11	-13.17	적지	-55.28	-108.04	-2,106	1,111	N/A	13.33	N/A
7	중앙첨단소재	코	27.65	94.67	-29.69	적지	-59.76	-94.25	-754	978	N/A	8.58	N/A
8	큐로셀	코	144.61	314.60		적지	-43.21	-86.37	-2,709	2,073	N/A	14.98	N/A
9	LG디스플레이	유	685.05	51.83	27.09	적지	-10.20	-64.04	-6,377	7,592	N/A	1.20	11.00
10	에이비엘바이오	코	38.80	521.06	-47.44	적지	-28.01	-45.51	-1,088	3,105	N/A	9.63	N/A
11	엘앤에프	유	279.15	3,918.26	-58.63	적지	-12.51	-41.35	-10,412	20,091	N/A	4.03	N/A
12	후성	유	88.19	357.79	-9.80	적지	-19.90	-37.77	-916	2,289	N/A	2.17	24.27
13	성일하이텍	코	169.43	3,707.66	-41.20	적전	-16.60	-34.50	-7,900	19,038	N/A	1.86	N/A

업종별 재무비율 순위

출처: 영웅문

안에서만 나타나는 것도 아니다.

특히 조심해야 하는 것은 상대적으로 제조원가가 싼 다른 나라와의 경쟁에서 밀리게 되는 경우이다. 이런 현상은 세계적으로도 진입장벽이 낮아 아무나 시장에 들어올 수 있다는 증거가 되기 때문이다.

이런 기업을 찾는 방법은 일단 HTS(홈트레이딩시스템)의 기능을 이용해 보는 것이다. 첫 번째로 쓸 수 있는 방법은 각 지표들의 랭킹분석을 이용해서 종목을 찾는 것이다. 아래 표는 지표별 순위에서 ROE를 기준으로 오름차순 정리한 것이다. ROE가 마이너스인 기업을 찾아내면 이들 기업은 수익성이 없고, 상표의 변별력이 없는 기업 그리고 경쟁력이 없는 기업이며, 투자 대상에서 제외시켜야 한다.

또 한 가지 방법은 조건검색을 해보는 것이다. 조건을 선택해서 검색하면

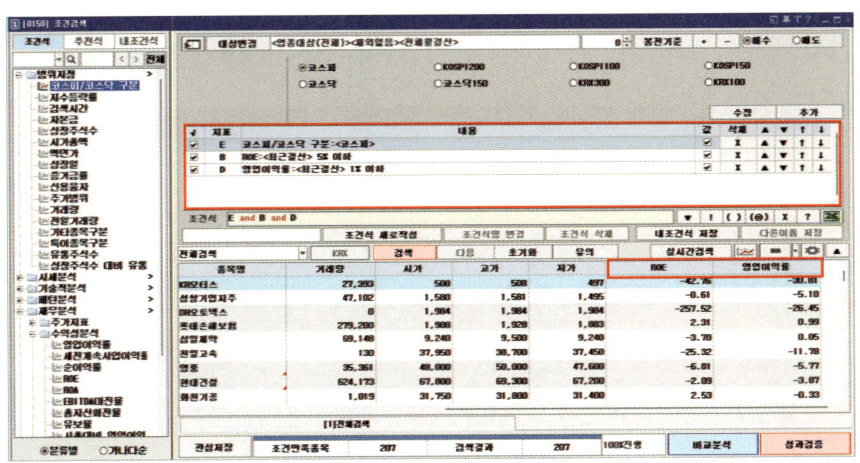

조건검색

출처: 영웅문

다양한 종목을 걸러낼 수 있다. 즉, 피해야 하는 종목이나 내가 사려고 하는 종목도 조건식을 통해서 검색할 수 있다는 유용성이 있다. 다음 조건검색은 유가증권시장에서 ROE가 5% 이하이고 영업이익률이 1% 이하 즉, 영업적자에 가까운 기업들을 검색하는 조건식이다.

한국거래소시장에 상장된 기업들의 평균상장연수는 20년이 채 안 된다고 한다. 이 말은 주식시장에 상장된 기업들이 평균적으로 20년이 되기 전에 상장폐지된다는 말이다. 사업의 세계에는 영원한 승자도 영원한 패자도 없다.

그래서 주식투자를 할 때 내가 가진 종목이 경쟁력을 잃고 가격전쟁의 소용돌이에 휩싸여 그렇고 그런 기업으로 전락하게 되는 것은 아닌지 매의 눈으로 살펴봐야 한다. 주식투자를 할 때는 의심하고, 의심하고 또 의심해야 하며, 회사 상황을 확인하고, 확인하고 또 확인해야 한다. 그렇지 않으면 졸지에 쪽박주식의 주주가 된다.

8. 과잉 생산설비를 보유한 기업

기업은 부도 상황을 모면하기 위해서 유동성을 확보하고 있어야 한다. 여기서 말하는 유동성이란 1년 이내에 현금화할 수 있는 자산을 말한다. 현재 회계에서 적용되는 유동자산이 바로 1년 이내에 현금화가 가능한 자산이다. 그런데 유동자산 중에는 아주 머리 아픈 자산이 하나 있는데 그것은 재고자산이다.

재고자산은 원재료와 현재 제품을 만드는 과정 중에 있는 재공품, 그리고 완성품인 제품 또는 상품으로 구성된다. 재고자산이 머리 아픈 것은 제조와 판매의 과정을 거쳐야 현금이 된다는 점이다. 기업이 제품을 만들었다고 해서 모두 팔리는 것은 아니다. 기업이 만든 제품이 모두 팔린다면 세상에 망할 기업은 하나도 없을 것이다. 그만큼 기업 입장에서는 자신들의 제품을 판매하는 것에 사활을 걸고 있다.

기업의 제일 피해야 하는 것은 재무적인 곤경 상황이다. 말이 좋아 재무적 곤경이지 부도가 나는 상황을 피해야 한다는 것이다. 부도를 막으려면 현금성자산을 많이 보유해야 한다. 그런데 현금성자산은 무수익자산이란 단점이 있다.

우리도 일상에서 은행에 예금할 때 정기예금이나 정기적금이 아닌 수시입출금식 보통예금에 가입하면 대부분 0.1%의 이자를 적용받는다. 즉, 이자가 거의 없는 상황이라고 보면 된다. 기업도 마찬가지로 현금유동성을 확보하고 있으면 그것으로부터는 수익이 오지 않는다.

기업은 공장이나 기계장치 등 제조나 서비스를 제공하기 위한 설비를 통해서 수익이 나오게 된다. 이런 자산을 비유동자산이라 하는데 1년 이내에는 현금화가 어려운 자산이다. 비유동자산은 현금화가 어려운 대신 수익성이 높아지는 자산이다. 그래서 기업은 적정한 규모의 유동성을 확보해야 한다.

그러나 산업의 특징으로 대규모 설비를 해야 하는 산업이 있다. 철강, 석유화학, 자동차, 조선, 시멘트 산업 등이 그 예가 된다. 이들 산업은 막대한 설비를 바탕으로 경기가 좋을 때는 감당할 수 없는 주문이 들어온다. 그래서 대량생산을 통해 규모의 경제효과를 얻으면서 엄청난 수익을 올린다. 그러나 불경기가 되면 그 많던 주문이 끊어지면서 공장을 돌리기 힘든 상황에 처하게 된다. 그렇다고 공장을 쉬게 할 수 없다. 왜냐하면 쉬었던 공장을 다시 돌리는데 큰돈이 들어가기 때문이다.

사실 기업 입장에서도 공장을 쉬게 하는 것보다는 공장을 돌리면서 물건을 팔아 급한 현금을 당길 수 있는 한 공장을 멈추지 않는 것이 일반적이다. 수요는 없는데 기업은 살아남기 위해 공장을 돌려야 한다. 이런 상황을 과잉설비가 존재한다고 한다.

과잉설비가 존재한다는 것은 산업 내 공급과잉이 발생한다는 것이고, 이는 결국 현금을 만들기 위해 가격을 후려치는 덤핑 상황에까지 가게 된다. 물건을 팔면 팔수록 손해가 나는 상황에 직면하게 된다. 그렇다고 그 상황을 멈출 수는 없다. 공장을 멈추는 순간 기업의 생존이 어려워지기 때문이다.

이런 산업에서는 '현금 태우기(Cash Burning)'란 말이 있다. 말 그대로 현금을 써가면서 경기가 좋아질 때까지 기다리는 것이다. 경기만 좋아지면 다시 주문이 몰려들고 그러면 그동안의 어려움에서 단숨에 벗어날 수 있다. 문제는 경제 상황이 예전과 같이 반복된다고 확신할 수 없다.

과거에는 경기가 돌아서면 제일 먼저 호황에 들어가는 산업이 건설업이었다. 왜냐하면 정부가 주도가 돼서 경기를 부양하기 위해 도로나 항만 등 소위 인프라스트럭처(기반시설)에 대한 수주가 많았기 때문이다. 그런데 얼마 전까지는 건설수주보다는 산업의 기본이 되는 철강이나 석유화학업종이 경기회복의 제일 앞단에 서 있게 되었다.

이제는 IT 시대이고 AI 시대가 되었다. 이때는 과거의 산업적 특성에서 벗어나 데이터센터에 대한 투자가 제일 먼저 나타난다. 이렇게 경기가 변동할 때 수혜를 받게 되는 산업이 동태적으로 변화하고 있다. 여기서 말하는 동태적 변화란 예전과 같은 형식의 변화가 반복되는 것이 아니라 좋았던 것은 나빠지고 없었던 것이 생기게 되는 등의 구조변화를 말한다.

글로벌화된 시대에 과잉설비는 나라마다 다르게 나타난다. 그런데 나라마다 다르다고 해서 그것이 우리나라 기업에 영향을 주지 않는 것은 아니다. 과잉설비 문제가 발생하는 주요 산업을 보면 다음과 같다.

가장 대표적으로 지적되는 산업은 철강산업이다. 중국을 중심으로 설비과잉이 심각하며, 중소규모 업체 난립과 가격 하락, 부실 심화가 큰 문제가 되고 있다.

다음은 석유화학산업이다. 우리나라는 글로벌 공급과잉, 중국과 중동의 자급능력 확대로 수출경쟁력이 급격히 하락하고 있다. 특히 중국의 석유화학 자급률이 90% 이상으로 급증한 상태이므로, 전문가들은 생산능력을 25% 정도 줄이는 구조조정을 해야 한다고 주장하고 있다.

자동차산업은 국가별로 다르게 나타나고 있는데 중국 쪽 상황이 심각하다. 중국 자동차산업은 연간 5,550만 대의 생산능력을 갖추고도 2024년 가동률이 49.5%에 불과한 상태이다.

그 밖에도 건설경기가 불황에 빠지면서 시멘트와 평판유리 등은 국내 경기의 부진 이외에도 중국을 중심으로 이들 산업에서도 과잉설비 문제가 공통적으로 나타나고 있는 상황이다.

우리나라의 대표적인 장치산업으로 과잉설비가 나타난 철강산업, 그중에서도 우리나라의 대표기업인 POSCO홀딩스의 주가 동향을 살펴보면 다음 페이지와 같다.

POSCO홀딩스의 주가는 코로나19 팬데믹 이후 글로벌 공급망 붕괴와 경기부진으로 공급과잉이 발생한 2023년 이후 지속적인 주가부진 상태를 겪고 있다. 여기에 미국과의 관세문제와 중국의 생산과잉 등이 겹치면서 철강산업의 구조조정이 불가피한 상황으로 진행되고 있다. 구조조정을 마치고 고

POSCO홀딩스 주봉

출처: 영웅문

부가 제품으로의 구조변화까지 이어가기 위해서는 많은 시간이 필요하다는 점에서 투자자들이 애를 먹을 가능성이 있다.

석유화학에서는 가장 기초가 되는 제품이 나프타(Naphtha)로, 석유화학산업에서 기초유분으로 널리 사용되는 원료다. 나프타를 생산하는 나프타분해장치(NCC: Naphtha Cracking Center)업체인 여천NCC가 부도위기에 몰리는 등 과잉설비문제가 심각해지고 있다.

나프타분해장치와 관련된 업체 중 효성화학은 2024년 말 기준 연결재무제표 완전자본잠식으로 상장폐지 문제가 불거지면서 거래정지가 되어 있다. 그만큼 그 업계에 공급과잉이 심각해지고 있는 상황을 반증해 주고 있다.

기업은 어떤 경우에도 심각한 가격경쟁 상태에 놓여서는 안 된다. 가격경쟁이 너무 치열해지면 결국 공멸하든지, 그렇지 않으면 살아남는다 해도 상처뿐인 영광이 될 가능성이 크다. 주식투자자 입장에서는 이런 위험을 안고 있는 산업 그리고 그 속에 있는 회사의 주식을 살 이유가 없다. 이들 주식은 가끔 큰 시세를 준다. 그러나 그 시세가 반드시 반복적으로 나타난다고 확신할 수도 없는 상황이다.

주식투자는 위험은 줄이고 수익은 높이는 게임이다. 가급적 위험요인을 없애야 한다. 과잉설비로 언제든 위험에 빠질 수 있는 장치산업과, 글로벌 수요가 줄어들거나 경쟁이 치열해지면 언제든 수익성이 나빠질 수 있는 산업에 속한 주식은 가급적 투자해서는 안 된다.

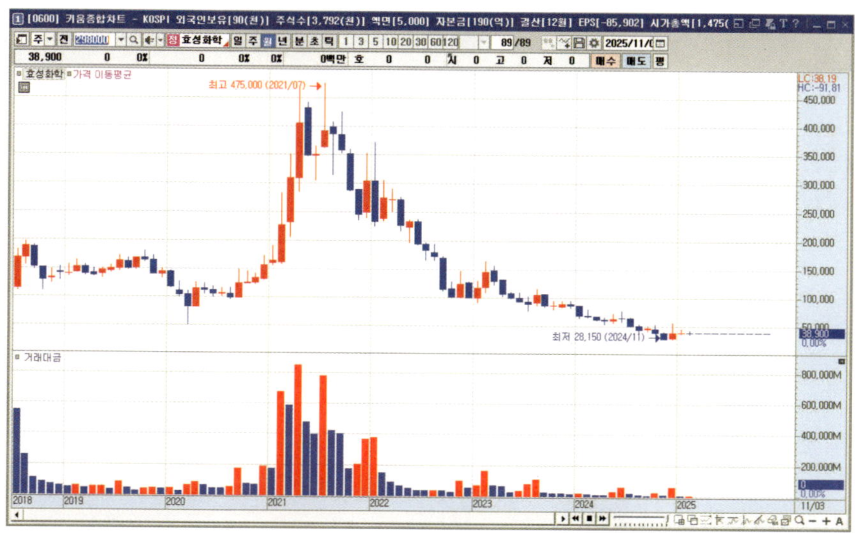

효성화학 월봉

출처: 영웅문

9. 이름을 자주 바꾸는 기업

이름은 한 사람 또는 한 회사를 특정하는 것으로 사람들에게 이미지를 형성하는 데 매우 중요한 역할을 한다. 부르기 좋고 듣기 좋은 이름은 사람들에게 좋은 인상을 형성하지만, 뭔가 이상한 느낌의 이름은 좋지 않은 인상을 형성하는 경우가 많다. 예를 들어 과거 위인의 이름은 좋은 인상이 있지만, 범죄자나 역적들의 이름은 나쁜 인상을 주기도 한다.

그래서 사람들 중에는 이름을 바꾸는 경우가 흔하다. 이름이 좋지 않은 인상을 주는 경우도 있지만, 너무 촌스러워서 바꾸는 경우도 있고, 자신의 운명을 바꿔볼 요량으로 개명하는 경우도 있다. 그리고 사기꾼들도 이름을 자주 바꾼다고 한다.

주식시장에서 기업들도 회사 이름을 바꾸는 경우는 많다. 특히 기업 이미지 쇄신, CI통합, 새로운 사업에 진출하면서 그에 걸맞은 이름으로 바꾸는 경우 등등 그 사유는 다양하다.

기업 이미지 쇄신을 위해 사명을 변경한 대표적인 사례는 SK에코플랜트이다. 동사는 기존의 건설 중심에서 벗어나 환경과 에너지 분야로 사업을 확장하고 있다. 특히 폐기물처리, 재활용, 해상풍력, 연료전지 등 다양한 친환경 분야에 적극적으로 투자하면서 단순한 건설회사라는 이미지를 벗고 종합 환경기업으로 탈바꿈에 성공했다.

CI(기업이미지)통합을 위해 사명을 변경하는 경우도 있다. 최근 CI통합을 한 곳은 HD그룹이다. HD는 현대중공업그룹의 대표 CI가 되었다. 현대중공업이 HD현대중공업으로 이름을 바꿨다.

주식시장에서 기업들이 사명을 변경하는 것은 흔한 일이다. 2024년 상반기 중에만 코스닥시장에서 사명을 변경한 기업은 무려 60여 곳이었다. 이들 회사는 신사업 추진, 경쟁력 강화 등을 목적으로 사명 교체에 나섰으며, 특히 인공지능(AI)과 반도체 열풍에 따라 관련 사업을 확장하는 업체의 사명 변경이 두드러졌다.

모두가 좋은 의미에서 이름을 바꾸는 것은 아니다. 부정적인 의미에서 이름을 바꾼 기업의 사례도 있다. 만성적자에 시달리던 코스나인은 초기 이름에서 세 차례 사명을 바꾸며 2020년부터 네 번째 이름을 사용하게 된 회사다.

통신기기 제조판매를 주력으로 2000년 설립됐던 참테크는 2018년 삼우엑스 시절 자본잠식을 겪었고, 2020년 나인컴플렉스로 사명을 바꿨다가 그해 다시 코스나인이 되어 화장품 판매를 중심으로 사업구조를 재편했다. 그러나 동사는 2년 연속 영업손실에 5년째 순손실 행진을 이어가고 있다. 회사의 나쁜 재무 상태를 사명 변경으로 세탁해 보려고 한 것으로 보이는 사례다.

결국 이 회사는 횡령과 배임에 관련된 내용으로 2024년 8월부터 상장폐지사유 발생으로 거래가 정지된 상태다.

사명을 변경하면 주가에 어떤 영향을 주는지는 2018년 한국거래소에서 발표한 연구자료에서 힌트를 찾아볼 수 있다. 한국거래소는 2017년부터 2018년 3월까지 사명 변경을 한 124개 기업 명단과 이들 기업의 사명 변경 후 주가수익률을 계산해서 같이 발표했다. 사명 변경 이후 주가가 하락한 기업이 89개로, 상승한 35개 기업보다 압도적으로 많았다.

2015년 이후 약 3년간 이미지 개선이나 이미지 제고를 목적으로 두 차례 이상 이름을 바꾼 상장사는 모두 26개였고, 이들 기업은 모두 54건에 걸쳐 사명을 변경했다. 이들 26개사는 사명을 변경하기 전날 대비 2018년 3월 말 기준으로 계산해 보면 평균 12.45%나 하락했다. 간판을 바꿔 달 때마다 주가가 하락한 것으로 볼 수 있으니 이를 바탕으로 한국거래소가 내린 결론은 이미지 개선용 사명 변경 횟수가 거듭될수록 주가는 오히려 더 하락한다는 것이다.

그러나 회사 이름을 바꿔단다고 주가가 떨어지는 경우만 있는 것은 아니다. 사명 변경 후 주가가 올라간 사례와 떨어진 사례를 구분해서 살펴보자.

2021년 상반기 사명을 변경한 기업은 총 80개다. 유가증권시장에서 27개사, 코스닥시장에서 53개사가 사명을 변경했다. 이 중 하이브, 맘스터치가 사명 변경 후 주가가 상승한 대표적인 사례다.

하이브는 지난 4월 6일 회사 이미지 제고를 위해 빅히트엔터테인먼트에서 사명을 변경했다. 하이브는 사명을 변경한 이후 메타버스 모멘텀으로 상승작

하이브 주봉

출처: 영웅문

용을 하면서 그해 11월 고점까지 56%의 주가 상승을 기록했다.

맘스터치는 2021년 4월 5일 해마로푸드서비스에서 대표브랜드인 맘스터치로 사명을 바꿨다. 맘스터치는 사명 변경 이후 자사주매입 등의 호재에 힘입어 7월 8일까지 자그마치 70%의 주가 상승을 기록했다. 그 후 맘스터치는 너무 많은 이익이 남아 스스로 자진상장폐지를 한 후 배당잔치를 한 것으로 알려졌다.

이들 기업은 사명 변경으로 이미지가 쇄신되었고 기업가치도 향상되면서 주가 상승을 기록한 경우이다.

사명 변경 후 주가가 떨어지다 못해 관리종목에 편입되거나 상장폐지가 된 사례도 있다. 행남자기는 2016년 9월 행남자기에서 행남생활건강으로 사명을 바꿨다가 2017년 11월 다시 행남자기로 변경했다. 행남자기는 2018년 이전 3개 사업연도 중 2개 사업연도에서 자기자본 5% 이상 법인세차감전 계속사업손실이 발생해 관리종목으로 지정된 이후 2021년 6월 7일 상장폐지가 되었다.

스킨앤스킨은 2015년 4월 씨에스솔라에서 엠비케이로, 다시 2017년 3월 엠비케이에서 스킨앤스킨으로 사명을 변경했다. 동사도 법인세차감전 계속사업손실이 2년 이상 지속되어 관리종목에 편입된 이후 2020년 8월부터 거래정지 상태였다가 다시 사명을 에코글로우로 변경하면서 경영 체제가 바뀌고 재무구조 개선 노력이 인정되면서 거래가 재개되어 지금까지 이어지고 있다.

기업은 시대 상황에 따라, 또는 계열 분리 등으로 흩어진 기업 이미지를 통

에코글로우 주봉

출처: 영웅문

합하기 위해 사명을 변경하기도 한다. 그리고 이미지 쇄신의 경우도 실제로 대표브랜드를 내세워 이름을 바꾸는 경우도 있다. 사명 변경은 기업경영 전략의 중요한 결정사항인 것이 분명하다. 나쁜 의도를 가지고 사명을 변경한 경우가 아니라면 사명 변경은 긍정적인 효과를 불러올 수 있다.

문제는 부실기업이 이미지 세탁을 위해서 이름을 바꾸는 경우이다. 이때 우리는 무엇을 봐야 할까? 바로 그 기업의 실적 추이다. 매출이 감소하고, 손실이 이어지는 기업이 느닷없이 사명을 변경한다면 이미지 세탁 기업이다. 마치 사기꾼이 자신의 신분 세탁을 위해 이름을 바꾸는 것처럼, 부실회사들이 과거 그들의 나쁜 이미지를 세탁하기 위해 이름을 바꾸는 것은 제대로 골라내야 한다. 특히 이런 기업들은 영문으로 이름을 만들면서 사람들이 이름만으로는 뭘 하는 회사인지 구분도 못 하게 하는 경우도 있다.

더욱 조심해야 하는 포인트는 이들은 이름만 바꾸는 것이 아니라 그럴듯한 사업도 사업목적에 넣는 경우도 많다. 그 사업목적이란 최근 경제계에서 핫이슈가 되는 사업을 말한다. 예를 들면 최근 상황에서는 AI(인공지능)와 관련된 분야가 될 수 있다.

앞선 사례에서도 확인했듯이 재무적으로나 실적 면에서 형편없는 기업이 이름을 바꾸는 경우 자칫하면 상장폐지에 이를 수 있기 때문에 각별히 신경을 써야 한다.

10. 주주이익을 무시하는 기업

주식은 주식회사만 발행할 수 있다. 그렇기에 주식회사의 기원을 살펴보면 주식회사를 더 깊이 이해할 수 있다. 주식회사의 출발은 1602년 네덜란드의 동인도회사(East India Company)로, 대항해 시대에 아시아지역 진출을 목적으로 설립되었다. 17세기 이전 항해를 위한 배는 범선이었다. 나무로 만들고 돛을 단 배로 아프리카 희망봉을 돌아 인도, 중국, 일본 등으로 거친 바다를 헤치면서 무역에 나섰다.

모두가 아는 바와 같이 바다는 큰 도전의 공간이다. 즉, 엄청난 위험이 도사리고 있으며 불확실성이 가득한 곳이다. 그곳에는 태풍, 풍랑, 해적, 질병 등 각종 위험요인이 있지만, 그중 당시 사람들이 가장 걱정했던 것은 바로 선장의 행동이었다. 뜬금없이 선장이 위험이라고 하니 의아해하는 사람들이 있을 것이다.

그런데 배의 주인은 선주이고 선장은 지금으로 보면 전문경영자가 된다.

그러니 선장은 주인인 선주의 이익을 위해 움직여야 한다. 그런데 무역에서 성공적인 거래를 한 선장들이 배를 몰아 집으로 오지 않고 다른 곳으로 가서 자신이 그 과실을 모두 가져가는 일이 많이 발생했다. 얼마나 많은 사건이 있었는지 선주들이 골머리를 앓았다고 한다.

그렇지 않아도 바다라는 불확실성과 싸워야 하는데 선장마저 말썽을 부리니 당시로서는 해상무역은 모험 사업(Venture Business)이었다. 그래서 사업을 하고자 하는 사람들이 위험을 분산시킬 필요성을 느끼며 고안한 것이 동업이었다. 동업자들이 회사의 자본을 대고 그것을 확인해 주는 증서가 바로 주식인 것이다. 주식은 회사의 일부를 보유하는 증서인 것이다.

무역으로 돈을 벌면 그 과실에서 자신이 보유한 지분에 비례하는 만큼 배당을 받았다. 다행히 동인도회사의 배들은 지속적으로 해상무역에서 큰돈을 벌었고 그 덕에 동사의 주가는 큰 상승을 보였다. 1720년까지 주가는 10배나 상승했다. 물론 그 이후 주가가 급락하면서 많은 피해자를 만들기도 했다.

여기서 우리가 주목해야 하는 것은 선장이라고 하는 전문경영인의 행태다. 꼭 전문경영인이 아니라 오너경영인도 마찬가지다. 주식회사의 주인은 주주인데 주주의 이익을 해치고 전문경영인이나 같은 주주라도 오너경영인이 다른 주주의 이익을 해치는 일이 벌어져서는 안 된다.

이것은 다른 주주 입장에서 보면 사기를 당하는 것과 같다. 주주의 이익을 해치는 것은 범죄적 행위가 된다. 물론 법적으로 정확하게 불법 내지는 탈법이 되는지는 경우에 따라 다르지만 말이다. 이런 회사는 결국은 주주들에게 큰 피해를 끼치게 된다.

그중 가장 대표적인 사례가 바로 터널링(Tunneling)이다. 터널링은 경영자가 개인명의 혹은 차명으로 회사를 설립해서 자산이나 확정수익을 얻을 수 있는 계약 등을 넘기는 사기적 행위이다. 주로 대주주 일가가 소유한 비상장회사가 상장회사와 내부거래를 맺어 이익을 이전하는 방식이 있다.

최근 문제가 되고 있는 기업으로는 다원시스가 있다. 다원시스는 1996년 특수전원장치 제조 및 판매를 목적으로 설립되어 핵융합, 플라즈마, 의료 및 신재생에너지산업의 특수전원장치와 전자유도가열장치, 전동차를 개발·제작하고 있다. 또한 전력전자산업을 기반으로 전력용 반도체를 제어하여 상용전원을 특수한 형태로 변환 공급하는 사업을 하는 기업이다.

그런데 동사가 최근 철도 사업 납기를 지키지 못하는 등 본업에서 경쟁력을 상실하는 가운데 자회사인 다원파트론을 2025년 6월에 설립한 후 반도체 특허를 비롯해 핵심 사업과 기술을 자회사로 옮기고 있다는 의심을 소액주주들로부터 받고 있다. 주주들은 다원시스가 사업 경쟁력이 떨어지는 모회사를 '빈 껍데기'로 만들고 경영진 등은 빠져나오면서, 자회사를 중심으로 새로운 사업을 키우려는 터널링 행위를 저지르고 있다고 보고 있다.

이를 뒷받침하는 증거는 동사의 대주주인 대표의 다원시스 지분 감소가 이어지고 있다는 것이다. 2015년 26.4%였던 대표의 다원시스 지분은 2020년 20%까지 줄었고 2025년 초에는 14.54%까지 하락했다. 새로운 자회사를 만들고 회사의 재원을 빼돌리는 전형적인 터널링 현상으로 판단된다. 이런 기업의 주가가 제대로 움직일 턱이 없다. 동사의 주가 동향은 다음과 같다.

차트에서 볼 수 있는 바와 같이 동사의 주가는 대표의 지분율이 본격적으

다원시스 주봉

출처: 영웅문

로 줄기 시작하는 2020년 이후 36,000원대의 주가에서 현재는 3,000원대로 하락한 상태이다.

최근 YTN인수로 주목받았던 유진그룹도 주주이익을 해치는 기업에 이름을 올리고 있다. 유진그룹 핵심 계열사가 입주한 유진빌딩의 소유주인 천안기업은 1996년 유경선 유진그룹 회장 일가가 자본금 2억 원으로 세운 부동산임대업체인데 2015년 645억 원에 유진빌딩을 매입했다. 현재 가치는 수천억 원대로 알려졌다.

당시 천안기업은 자산 22억 원, 자본금 12억 원에 불과했지만, 유진그룹 계열사인 유진기업이 760억 원대 채무보증을 선 덕분에 매입할 수 있었다. 자산 규모의 30배가 넘는 채무보증을 받은 것이다. 경영감시를 하고 있는 단체들에 따르면 천안기업 매출의 약 90%는 유진그룹 계열사에서 나오고 있다.

계열사가 공동으로 건물을 취득하거나 임대할 수 있음에도 천안기업을 통해 임대료를 받는 것이다. 회계 전문가들은 천안기업이 유진그룹 계열사에 임대를 주고 통행세를 받는 구조나 마찬가지라고 지적한다. 임대료 수준이 과도하게 높다면 유경선 회장 일가 소유의 천안기업을 부당하게 지원하고 있는 셈이 된다.

유 회장 일가는 2024년 11월 천안기업의 오너일가 지분 19.12%를 넘겼다. 이 과정에서 유진기업은 주당 78,500원에 매입해서 246억 원을 유 회장이 자신의 이익으로 빼돌린 것이 아닌가라는 의심을 받고 있다. 유 회장은 천안기업 주식을 2018년에도 유진기업에 9,704원에 넘겨 8배의 이익을 올린 것으로 알려져 있다. 이는 명백히 주주에게 돌아가야 할 이익을 빼돌리는 행위로 볼 수 있다.

주주이익을 해치는 행위는 최근 들어서는 더욱 교묘해지고 있어 일반투자자들이 쉽게 이해하지 못하는 경우도 많다. 그 대표적인 것이 바로 회사를 물적분할하는 경우다. 회사를 분할할 때는 인적분할과 물적분할로 구분한다.

인적분할은 하나의 회사를 둘로 나눌 때 분할비율에 따라서 두 회사 주식을 기존 주주들에게 모두 나눠준다. 그런데 물적분할을 하게 되면 새로 분할되는 회사의 주식을 기존 주주들은 단 한 주도 받지 못한다. 왜냐하면 물적분할된 회사의 주식을 기존 회사가 모두 보유하고 있기 때문이다.

그런데 이렇게 물적분할된 회사가 주식시장에 새롭게 상장하게 되면 기존 주주 입장에서는 원래 내가 투자한 회사의 일부분이었던 사업부가 새로운 회사가 되었기 때문에 그 회사의 주식은 따로 청약을 해서 투자해야 하는 일이 생기게 된다. 어머니의 몸에서 애기가 빠져나가듯이 회사의 한 부분이 그냥 외부로 떨어져 나가면서 기존 기업의 가치가 하락하는 일이 벌어진다.

대표적인 사례는 LG화학의 배터리 사업부였던 LG에너지솔루션이 물적분할되면서 LG화학의 주주들은 졸지에 배터리 사업부에 투자하지 못하는 일이 벌어진 것과 같다. LG에너지솔루션은 2020년 물적분할된 이후 2022년 주식시장에 상장되었는데 그 모기업인 LG화학의 주가 동향은 다음과 같다.

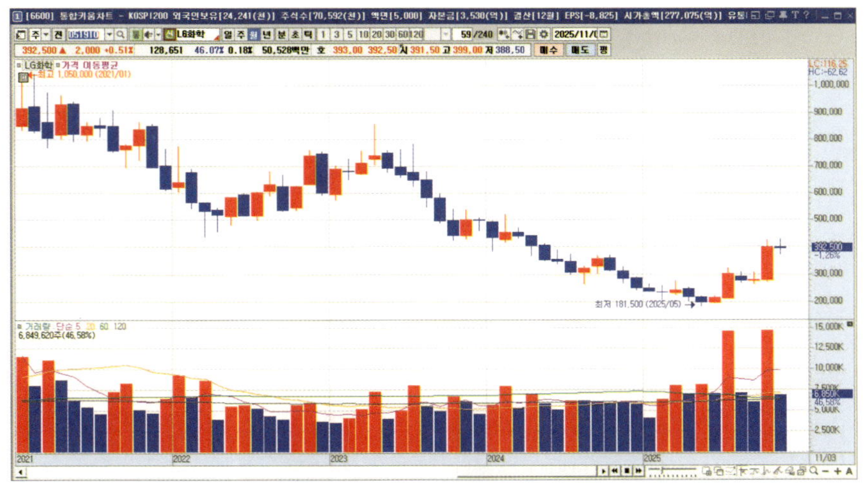

LG화학 월봉

출처: 영웅문

이런 행위들은 그래도 언론이나 자본시장에서 확인할 수 있는 것들이다. 그러나 경영진이 자신의 이익을 위해 주주에게 불리한 의사결정을 하거나, 회사가 제공해야 할 정보를 투명하게 공개하지 않아 주주들이 기업가치를 제대로 평가하고 합리적인 판단을 내리기 어렵게 만드는 정보 비대칭 현상들은 주주 입장에서 쉽게 파악하기 어려운 일들이다.

주주들의 이익을 함부로 대하는 기업은 언제든 말썽을 부릴 가능성이 크다. 규모가 작은 회사는 기업이 아주 망가지는 지경에까지 이를 수도 있고, 규모가 큰 기업들도 단기적 내지는 중기적으로 주가가 부진해서 투자자들이 낭패를 보게 되는 경우도 있다.

주인의 이익을 해치는 것은 주인이 부여한 임무를 배반하는 배임행위가 된다. 주식시장의 법적 투명도가 높아지는 상황에서 이런 기업들이 발붙이고 남아 있을 공간은 점점 줄어들고 있다. 투자자들도 이런 기업은 투자를 하지 않음으로써 정신을 차리게 해줘야 한다.

대박주식
쪽박주식

제3장

이런 종목은
대박주식

주식투자를 하는 모든 투자자의 소망이 있다면 내가 가진 주식이 매일 상한가를 기록하는 것이다. 내가 보유한 주식이 쉬지 않고 상승해서 큰 부자가 되는 것이 꿈이다. 그러나 그런 주식을 손에 쥘 가능성은 크지 않다. 아니 그보다는 그런 주식은 왠지 나만 피해 다니는 게 아닌가라는 생각을 하게도 된다. 그러나 누구나 대박주식의 공식을 알면 그 주식을 손에 쥘 수 있다.

이번 장에서는 대박주식이 될 수 있는 조건과 사례를 살펴본다. 주식에서 수익을 잘 내기 위해서는 경제 환경과 회사 경영에 대한 어느 정도의 지식이 필요하다. 여기서 제시하는 10가지의 사례만 있는 것은 아니다. 따라서 이번 장에서 제시하는 아이디어를 적극 활용하는 것도 중요하지만, 이런 사례를 확장해 독자들만의 '대박주식'을 찾는 원칙을 세워 간다면, 더 달콤한 성과를 얻을 수 있을 것이다.

1. 독점이나 과점시장에서의 승자 주식
(통신주, 공기업 주식 등)

주식으로 부자가 된 사람은 많지만, 그중에서도 가장 존경받는 사람은 역시 '워런 버핏'이다. 대부분의 주식부자는 주식매매를 통해서 돈을 번 것이 아니라 자신의 회사를 만들어서 그 주식을 상장함으로써 큰돈을 벌었다. 그러나 버핏은 순수하게 종목을 선정하고 투자를 해서 큰 부를 이루었기 때문에 주식투자의 전설이 되었다.

서점에 나가보면 버핏과 관련된 책이 가장 많다. 그런데 많은 사람들이 잘 모르는 사실이 있다. 버핏은 2남 1녀를 두었는데 며느리들이 버핏가에 시집을 올 때 서약서를 받았다고 한다. 그 서약서의 주요 내용은 "절대 버핏 집안의 투자의 비밀을 말하지 않는다"였다고 한다. 며느리들에게도 입단속을 했는데 그 비밀을 본인이 발설하지는 않았을 것이다.

그러던 중 『Buffetology(버핏학)』이라는 책이 나왔고 우리나라에도 『워런 버핏, 주식 투자 이렇게 하라』라는 제목으로 변역서가 나왔다. 그 책에는 버핏의 투자의 비밀이 고스란히 적혀있었다. 버핏은 아이디어가 좋은 사람으로 평가된다. 그래서 그의 아이디어를 이해하면 성공투자에 한 발짝 더 다가갈 수 있다.

버핏은 자신이 투자하는 종목의 유형을 '톨브리지(Toll-Bridge)형' 기업이라고 밝혔다. 톨브리지는 용어에서 느낄 수 있듯이 브리지 즉, 다리 위에 톨게이트가 있는 형태를 말한다. 예를 들어 한강의 강남과 강북을 오가는 다리가 달랑 하나만 있다고 가정해 보자. 그러면 그 다리는 독점적인 지위를 누리게 된다. 그래서 버핏은 기본적으로 독점기업을 가장 선호한다.

그런데 톨브리지형기업의 더 큰 장점은 미래의 사업을 위해 추가적으로 재투자를 하지 않아도 되는 사업구조란 것이다. 톨게이트에 추가로 투자할 일이 없다는 뜻이다. 즉, 독점적인 사업을 하면서도 미래를 위해 재투자하지 않아도 되면 회사가 벌어들인 모든 이익은 배당을 주든지 그렇지 않으면 다른 회사를 사들이는 데 모두 사용할 수 있게 된다. 이런 자금을 잉여현금(Free Cash)이라고 부른다. 잉여현금이 많은 기업의 주가는 안정적으로 상승하게 된다.

경제학에서는 회사를 둘러싼 환경을 독점, 과점, 완전경쟁 등 세 가지로 구분한다. 첫 번째 독점은 시장 내에 상품의 공급자가 하나뿐인 경우를 말한다. 만약 어느 기업이 시장에서 독점적인 지위를 누린다면 자기 마음대로 공급량을 조절하고, 가격도 마음대로 책정하면서 큰 이익을 누리게 된다.

두 번째는 과점이다. 시장 내에서 상품의 공급자가 2~3개 정도인 시장이다. 우리나라에서 과점시장의 대표적인 사례는 이동통신 시장이다. KT, SK

텔레콤, LG유플러스 세 개의 사업자가 경쟁한다. 과점시장은 독점시장만큼
은 아니지만 그래도 큰 이익을 누릴 수 있다. 특히 이들 세 사업자가 몰래 담
합을 맺는다면 독점이나 다름없는 사업구조가 될 수 있기 때문이다.

마지막 세 번째는 완전경쟁이다. 완전경쟁이란 상품의 공급자가 너무 많아
정글에서 맹수들이 서로 죽고 죽이듯이 경쟁하는 상황을 말한다. 완전경쟁
상태가 되면 결국 기업이 할 수 있는 마지막 선택은 가격경쟁에 들어가는 것
이다. 남들보다 조금이라도 더 싸게 물건을 팔면 자신의 물건이 더 잘 팔릴
것이란 생각에 가격을 경쟁적으로 낮춰가는 것을 말한다. 이런 상황에 몰리
게 되면 관련 기업들은 모두 망하게 된다.

그래서 투자자들은 가장 좋게는 독점 상태의 기업, 그렇지 않으면 적어도
과점 상태의 기업에 투자해야 제대로 된 수익을 얻을 수 있다. 우리 주식시장
에서 대표적인 과점시장인 이동통신 시장의 경우 2025년 4월을 기준으로
SK텔레콤 40.08%, KT 23.45%, LG유플러스 19.22%이고, 나머지 알뜰폰 시
장이 17.25%를 차지하고 있다.

일단 과점체제가 굳어지게 되면 기업에게는 안정적인 수익성이 보장되면
서 주가 움직임이 폭발적인 상승을 가져오지는 않더라도 안정적으로 우상향
하는 모습을 보이게 된다. 이동통신 시장에서 시장점유율이 제일 높은 SK텔
레콤의 주가 동향을 살펴보면 다음과 같다.

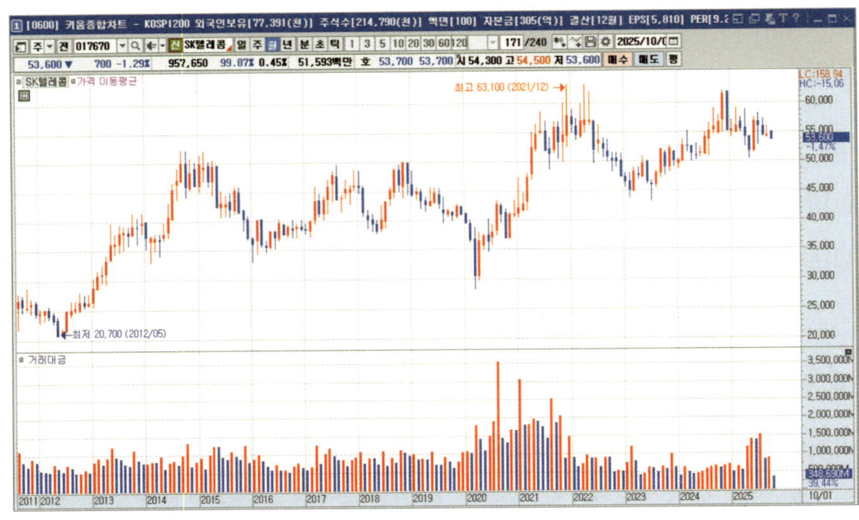

SK텔레콤 월봉

출처: 영웅문

특히 이런 과점기업들의 경우 Cash Cow(자금젖소)의 역할을 한다. 캐시카우란 현금흐름이 매우 좋은 기업으로 배당을 많이 주는 것으로 유명하다. SK텔레콤의 연도별 배당성향(당기순이익에서 배당금을 주는 비율)을 살펴보면 다음과 같다.

SK텔레콤 배당 관련 지표 동향

연도	2021년	2022년	2023년	2024년
현금배당성향	30%	79%	70%	60%
보통주배당금	2,660원	3,320원	3,540원	3,540원

주가 상승과 더불어 높은 배당금을 덤으로 받는 것은 과점기업의 특징이

다. 그러니 독점기업은 말할 것도 없다. 그러나 독점인 경우는 「공정거래법」에 의해 제재를 받기 때문에 과점을 지켜보는 것이 필요하다.

시장의 경쟁구조는 일단 완전경쟁에서 살아남은 몇몇 기업이 과점을 이루고, 치열한 경쟁 끝에 살아남는 기업이 독점적인 지위를 누리는 경우가 많다. 그런데 이런 과정을 거치지 않고도 독점적인 지위를 누릴 수 있는 경우는 국가에서 독점적인 지위를 부여하는 경우이다. 우리 주식시장에는 정부에서 독점적인 지위를 부여한 기업이 많이 있다. 한국전력, 한국가스공사, KT&G, 강원랜드 등등의 기업이 그 사례다.

이들 중 한국전력이나 한국가스공사와 같은 유틸리티 공기업의 경우 서민생활에 밀접한 영향을 주는 기업으로, 전력요금이나 가스요금을 정부가 통제하게 되면 가격이 경직된 상태에서 원가가 상승해서 이익이 나지 않는 상황이 발생할 수 있다. 그런 상황에서는 주가의 변동도 크게 나타날 수밖에 없다. 이익이 날 때는 상승하지만, 통제를 강하게 받을 때는 오히려 주가가 하락하는 상황이 나오게 된다.

그러나 정부의 가격통제가 크지 않은 기업도 있다. 그 대표적인 기업이 바로 KT&G이다. 과거 담배인삼공사였다. 지금은 담배 시장과 홍삼 시장이 어느 정도 개방되기는 했지만 그래도 KT&G가 누려온 독점적인 시장 지위는 무시할 수 없다.

KT&G의 경우 담배 시장에서 국내점유율이 2022년 기준으로 65%에 달했고 평균적으로 50%를 넘어서고 있다. 전 세계에서 자극 시장의 50% 이상을 방어하는 유일한 담배회사로 평가받고 있다. 홍삼의 경우는 KT&G의 자

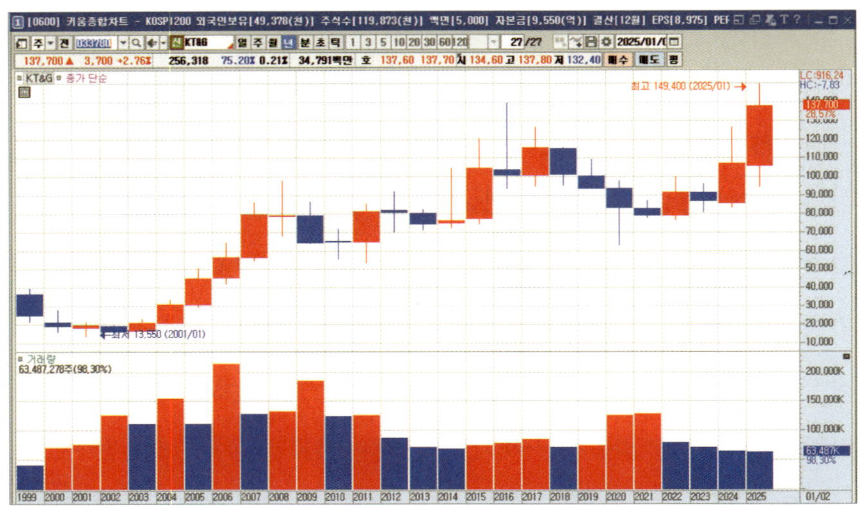

KT&G 연봉

출처: 영웅문

회사인 인삼공사(KGC)에서 사업하고 있는데 정관장이란 브랜드로 사업을 하고 있다.

동사의 주가 동향은 담배 시장의 동향에 따라 다소간의 부침이 있지만, 연간기준으로 살펴보면 꾸준히 우상향하는 안정적인 모습을 보이는 것을 확인할 수 있다.

KT&G 배당 관련 지표 동향

연도	2021년	2022년	2023년	2024년
현금배당성향	59%	57%	65%	50%
보통주배당금	4,800원	5,000원	5,200원	5,400원

세상에서 가장 안전한 물놀이는 '땅 짚고 헤엄치기'다. 나 혼자 있는 수영장에서 땅 짚고 헤엄치면 편안하게 그리고 특별한 위험 없이 물놀이를 즐길 수 있다. 사업도 마찬가지다. 땅 짚고 헤엄치듯 독점적인 지위나 과점적인 지위를 누리면서 다른 기업들과 특별한 경쟁 없이 편안하게 사업하는 기업이 있다면 안정적으로 돈 벌고, 또 번 돈을 안정적으로 배당해 줄 수 있다. 이런 기업에 투자해야 성공 가능성이 커진다.

버핏이 첫 번째로 발견한 톨브리지형 기업이 '코카콜라'다. 그래서 버핏은 죽을 때까지 코카콜라를 팔지 않겠다고까지 했다. 첫사랑에 대한 애정이다. 여러분도 자신의 기준을 세우고 그 기준에 맞는 첫사랑과 같은 애틋한 주식을 찾아보는 것은 어떨까?

2. 시가총액이 큰 종목은 늘 관심의 대상

주식시장에서 외국계자금이나 국내자금을 막론하고 큰 자금을 운용하는 기관투자자들의 위력은 점점 커지고 있다. 기관투자자들의 전략은 두 가지로 압축할 수 있는데, 하나는 액티브(Active) 전략이고 다른 하나는 패시브(Passive) 전략이다.

액티브 전략의 목표는 시장수익률을 초과하는 수익을 얻는 것이다. 초과수익을 올리기 위해서는 종목을 잘 선정하고 적절한 매매타이밍을 노려 주식을 사고판다. 액티브 전략은 펀드매니저의 많은 노력이 투입되기 때문에 상대적으로 펀드수수료가 비싸다.

이에 반해 패시브 전략의 목표는 시장의 평균수익률을 따라가는 것이다. 액티브 전략에 비해 펀드매니저의 자의적인 노력 없이 편입종목의 투자 비중을 조정하면서 종합주가지수 수익률에 접근하려는 전략이다. 패시브 전략은 펀드매니저의 큰 노력이 필요하지 않기 때문에 상대적으로 펀드수수료가 싼 것이 특징이다.

　주식투자의 묘미는 큰 투자수익을 거둘 수 있다는 것이다. 그래서 기관투자자들은 패시브 전략보다는 액티브 전략을 구사하는 펀드를 많이 만들어 투자자들을 모집했다. 당연히 투자자들도 수익률을 높이기 위해 액티브펀드에 더 많은 투자자금을 넣었던 것도 사실이다.

　투자업계에서는 공공연하게 알려진 얘기지만 1980년대 후반부터 1990년도 초중반까지 많은 연구자가 액티브펀드와 패시브펀드의 투자성과에 대한 실증연구를 했었다. 그런데 대부분의 연구결과가 액티브펀드에 비해 패시브펀드의 투자성과가 더 좋은 것으로 나타났었다. 이 말은 바꿔놓고 보면 시장 초과수익을 거두는 액티브펀드들이 많지 않다는 것을 의미한다.

　최근 발표된 자료를 통해 살펴보면 2022년 중 미국 액티브펀드의 43% 정도만 패시브펀드보다 높은 수익률을 기록했다고 하는데, 이는 2021년 47%보다 낮아진 수치다. 이는 채권형펀드에서는 더 부진한 모습을 보이는데, 2022년 중 30%만 패시브펀드보다 높은 수익률을 기록했다.

　펀드수수료를 비교해 보면 액티브펀드의 경우 2021년 1.05% 정도 되는데 패시브펀드는 0.44% 정도의 수수료를 받고 있다. 더 높은 수수료를 거둬가면서도 제대로 된 운용성과를 보여주지 못하는 상황이 나타나면서 투자자들이 액티브펀드를 외면하는 현상이 심화되어 가고 있는 추세다.

　돈은 효율적인 곳으로 움직인다. 효율적인 곳이란 비용은 적고, 수익률은 높은 곳을 말한다. 펀드투자에서 보면 수수료가 높지만 상대적으로 수익률이 떨어지는 액티브펀드보다는 수수료가 낮고 수익률이 높은 패시브펀드로 돈이 넘어가는 것은 당연한 이치다.

　글로벌 자산운용사들이 운용하는 총펀드자금은 2023년 2월 기준 총 15조 달러 가량 된다. 그 가운데 주식과 채권에 운용하는 패시브자금 규모는 전체의 44%에 달하고 있다. 이 가운데 주식형펀드의 경우 패시브펀드로의 자금 쏠림이 특히 강한 모습을 보이고 있다. 이런 추세가 진행되면서 2025년 초 주식과 채권에 투자하는 패시브 운용자산 규모가 액티브펀드와 비슷한 수준까지 올라왔고 조만간 패시브자금이 더 많은 비중을 차지하게 될 것으로 예상하는 펀드전문기관들이 나타나고 있다.

　이렇게 패시브자금으로 자금이 급격히 쏠리는 또 하나의 원인은 ETF 시장의 급격한 성장도 한몫하고 있다. 우리나라보다 더 큰 미국 시장의 경우도 ETF가 전체 펀드에서 차지하는 비중이 2022년 말 기준 30% 정도 되는데, 전

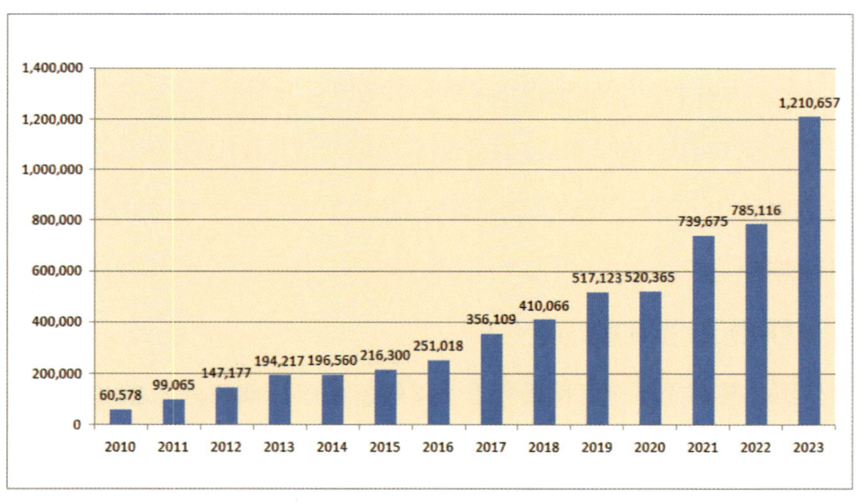

ETF 순자산총액(단위: 억 원)　　　　　출처: 금융투자협회

문기관에서는 2027년에는 50%까지 확대될 것으로 예상하고 있다. ETF 시장이 얼마나 커지고 있는지는 앞의 그래프를 통해서 확인할 수 있다.

모두가 알고 있는 바와 같이 ETF는 대표적인 패시브펀드다. 이 시장의 확대는 패시브펀드 시장을 더욱 활성화시킬 가능성이 크다. 그런데 패시브 시장이 커지면 커질수록 시장의 왜곡현상이 나타날 가능성이 큰 것이 문제다. 패시브 시장이 커질 경우 나타날 수 있는 문제를 정리하면 다음과 같다.

첫째, 인덱스펀드를 추종하는 패시브거래 비중이 증가하면 자산의 내재가치를 찾아가는 시장 메커니즘이 약화되고 효율성이 저하될 가능성이 크다. 이 말은 주가가 기업가치를 잘 따라가야 하는데 인덱스펀드를 추종하게 되면 시가총액이 큰 종목을 중심으로 거래가 나타나기 때문에 기업가치와 괴리가 발생하게 된다.

둘째, 인덱스펀드에 편입된 대형주들로 자금 유입이 집중되면서 관련 주가가 상승하고, 추가 상승 기대에 따라 다시 자금이 유입되는 순환구조가 만들어져 대형주와 중소형주 간에 주가 양극화 현상이 심화될 가능성이 크다. 포트폴리오 투자는 투자 비중이 중요한데 특히 시가총액이 큰 종목들에 대한 편중매매가 심해지면 중소형주로는 매수세가 약해지는 현상이 나타날 수 있다. 이런 현상은 그동안 중소형주가 대형주에 비해 더 높은 수익이 난다는 '소형주효과'를 완전히 뒤집는 일이기 때문에 관심을 가지고 볼 필요가 있다.

셋째, 패시브거래가 늘어나게 되면 자산 간 동조화를 확대시키는 경향이 나타난다. 이는 펀드매니저들이 통상 포트폴리오 안에 프로그램매매를 통해 전체 자산을 매수/매도하기 때문이다. 이렇게 되면 자산 간 또는 국가별로 다양한 자산에 투자해 초과수익을 얻으려는 시도가 어려워지게 되고, 시장이 조금만 불안해져도 주가지수가 출렁하면서 떨어지는 큰 변동성이 나타날 가능성이 크다.

쉽게 얘기해 보면 MSCI지수는 글로벌자산배분을 하는 펀드들이 표준으로 삼는 지수다. 따라서 MSCI지수를 구성하는 종목을 시가총액 비중에 따라 펀드를 구성한다. 그중 미국 시장의 비중이 가장 큰데 미국의 주가가 떨어지면 상대적으로 다른 나라의 비중이 높아지게 되면서 비중을 맞추기 위해 다른 나라 주식을 일시에 팔아야 한다.

반대로 미국의 주가가 올라가면 미국의 비중이 상대적으로 높아져 그 비중을 맞추기 위해 다른 나라의 주식을 사게 된다. 그래서 미국 주가가 올라가면 다른 나라 주가들도 올라가고 미국 주가가 떨어지며 다른 나라 주가도 떨어지게 되는 이치다. 패시브 투자가 많아질수록 이런 현상은 더욱 심화될 수 있다.

패시브펀드 비중이 더 높아지는 것은 어쩌면 일시적이라기보다 상당 기간 이어질 가능성이 큰 현상이다. 이렇게 되면 투자 전략이 어쩌면 보다 쉬워지지 않을까 싶다.

이론적으로 패시브거래가 많아질 때는 시가총액이 큰 종목을 우선적으로 사면 된다. 예를 들어 우리나라 KOSPI200지수를 그대로 따라다니는 펀드를 구성한다고 하면 200개 종목을 시가총액 비중별로 모두 사면 된다. 이런 것을 '완전복제'라고 한다. 그런데 완전복제는 현실적으로 가능하지 않은 경우가 더 많다.

그래서 복잡한 계산을 통해 '부분복제'를 하게 된다. 부분복제를 할 때 지수를 구성하는 종목 중 시가총액이 큰 종목을 중심으로 15~30개 정도의 종목으로 펀드를 만든다. 그러면 완전복제를 한 것과 비슷한 성과를 낼 수 있다. 하지만 완전복제가 아니기 때문에 지수수익률과 괴리가 생길 수 있다.

그래서 다시 원래 비중으로 돌려주는 작업을 하는데 그 작업을 '포트폴리오 리밸런싱'이라 한다. 이런 작업이 관행적으로 이루어지기 때문에 인덱스펀드 투자가 이끄는 패시브 전략은 무조건 시가총액 상위종목을 편입하게 되는 것이다.

따라서 패시브자금이 더욱 늘어나면 투자자들은 지수 구성 종목 중 시가총액 상위 10위권 내에 있는 종목을 편입하면 안전하다. 결국 주가는 매수세가 활발하게 유입되는 경우 상승할 가능성이 크기 때문이다.

앞으로 연기금을 중심으로 연금보험료가 늘어나고 보험사들을 중심으로 보험료가 지속적으로 들어오게 되면 그 돈은 패시브거래에 사용될 가능성이 크고, 여기에 기름을 부어 불을 더 지필 수 있는 것이 바로 ETF 시장의 성장이다. ETF는 인덱스펀드이자 패시브거래를 기본으로 하기 때문이다.

시가총액 상위종목에 대한 수요가 지속적으로 늘어날 수 있다. 다만, 이렇게 되면 시가총액 상위종목들의 실적이 나빠져도 매수세는 늘어날 수밖에 없는 요상한 현상이 나타날 수 있다. 실적이 나빠지는 종목들이 시가총액순위에서 밀려나면 그 종목의 주가는 나락으로 떨어질 가능성이 있다. 하지만 눈에 띄게 실적이 떨어지지 않는 한 실적과 무관하게 매수세가 늘어날 가능성이 있으니 대형주투자를 할 때 이 점만 조심하면 된다.

3. 모기업에서 분리 독립된 기업

기업들이 가지고 있는 사업 부분을 따로 독립시킬 것인지 말 것인지는 기업의 전략적 의사결정에 속한다. 어떤 것은 독립시키고 또 어떤 것은 독립시키지 않는지를 판단하는 기준은 뭘까?

기업들이 하는 경영 전략도 일반 가정에서 벌어지는 일과 비슷한 경우가 많다. 가정에서도 자식들을 독립시키는 일은 흔하다. 살림을 따로 떼어내서 집을 얻어 나가게 하는 경우도 있고, 다른 경우에는 용돈을 주지 않는다든지 해서 경제적으로 독립하게 하는 경우도 있다. 이때의 판단기준은 내 자식이 독립해도 혼자 굶어죽지 않아야 한다는 것이다.

충분히 독립해서도 잘 살 수 있다는 판단이 들면 독립을 시키지만, 조금 부실해서 독립을 시키면 당장 굶어죽을 것 같은 아이들은 부모들이 끼고 사는 것처럼, 기업들도 회사 내의 사업부문이 혼자서도 충분히 먹고 살 수 있는 회사라고 판단되면 분리 독립시키는 경우가 많다. 이렇게 모기업으로부터 분리 독립시키는 것을 스핀오프(Spin Off)라고 한다.

일단 모기업에서 스핀오프된 기업은 독자적인 생존능력이 검증된 것이므로 투자자들은 관심을 가져야 한다. 우리나라에서 대표적인 스핀오프기업은 '네이버'다. 네이버는 삼성SDS에서 분사해서 상장한 회사로, 우리나라 대표 포탈기업이다.

최근에 모기업에서 분리 독립한 회사 중 대표적인 회사는 LG화학의 배터리 사업부였던 'LG에너지솔루션'이다. 2022년 모회사로부터 분리 독립되었는데 2025년 10월 말 현재 모기업이었던 LG화학의 시가총액은 28조 2천억 원대인 반면 LG에너지솔루션은 2차전지에 대한 기대감을 한 몸에 받으며 113조 8,400억 원대의 시가총액을 기록하고 있으니 모기업을 훨씬 능가하는 상황이다.

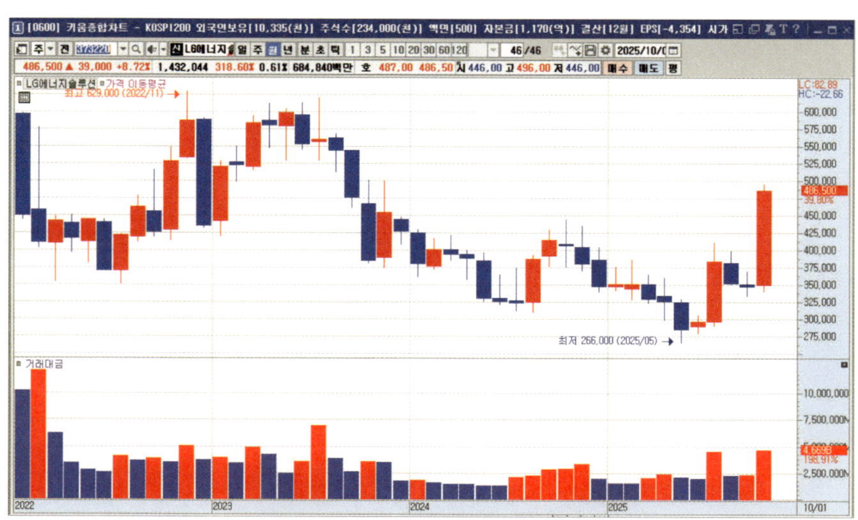

LG에너지솔루션 월봉

출처: 영웅문

LG에너지솔루션 이외에도 국민메신저 카카오는 사업부를 꾸준히 만든 이후 다수의 기업을 분리 독립시켰다. 2017년에는 카카오뱅크, 카카오게임즈, 카카오페이를 분사시키는 것은 물론이고 주식시장에 상장시켰다.

아직 상장된 기업은 아니지만 SK이노베이션은 2021년 배터리 사업부를 분리하여 SK온을 설립했고, 네이버는 사내독립기업이던 웹툰 사업부를 네이버웹툰주식회사로 분사했다.

기업들이 자회사를 분리 독립시키는 것은 모기업 입장에서는 좋은 전략이 될 수 있다. 부진한 사업부를 자회사로 분리시키면 리스크를 관리할 수 있어 모기업 입장에서는 사업 위험이 줄어든다. 하지만 이런 자회사는 투자자들이 투자해서는 안 된다.

반면 잘나가는 사업부를 자회사로 분리시키면 자회사가 모기업의 제약을 극복하고 더 크게 성장할 수 있다. 모기업의 사업부로 있을 때는 다른 사업부들에 발목이 잡혀 성장의 한계가 있었지만 그와 별개로 좋은 사업에 집중해서 빠르게 성장하는 것이 가능해진다. 또한 독자적으로 기업공개(IPO)를 통해 자금조달도 가능해진다.

투자자들 입장에서는 주식시장에 상장된 기업들은 잘 알고 있지만, 대기업의 사업부로 있어서 제대로 알지 못하는 기업들도 상당수 있다. 이런 기업들이 결국 IPO를 통해 주식시장에 상장을 하게 되면 초기에 투자할 수 있는 기회를 잃게 되어 뒤늦은 투자대열에 낄 수밖에 없는 일이 생기게 된다.

최근 대기업들이 적극적으로 사내벤처기업 육성에 나서고 있다. 대기업 입장에서는 이들 기업을 통해서 새로운 사업기회를 모색하는 것이다. 이런 과정에서 처음에는 사내벤처기업에서 시작해서 대기업 반열에까지 오르는 것을 경험할 수 있다. 대표적인 기업이 네이버인 것이다.

사내벤처기업은 대기업의 지원으로 인해 일반 창업보다 성공률이 높고, 사내벤처 인큐베이팅 기간 동안 연구개발에 집중해서 사업의 잠재력을 키우는 데 전념할 수 있다. 또한 모기업이 진출해 있는 시장을 이용해서 물건을 팔 수 있는 안정적인 경로 개척도 가능하다.

현재 우리나라 대기업이 육성하는 사내벤처 프로그램을 정리하면 다음과 같다.

대기업 육성 사내벤처 프로그램

대기업	사내벤처 프로그램
삼성전자	크리에이티브 랩(C랩)
현대차그룹	벤처플라자
SK그룹	하이게러지, 스타트 앳
포스코그룹	포벤처스
LG그룹	LGE 어드벤처
아모레퍼시픽	린 스타트업

특히 삼성전자의 C랩에서는 고성능 진공단열재 솔루션 기업 에임트, 360도 카메라 기술의 링크플로우, AI피부 분석 솔루션의 룰루랩 등을 분리 독립시키는 성과를 거두었다.

이런 기업들은 앞으로 사업 성공 여부에 따라 조만간 IPO 시장 혹은 장외

주식시장에서 거래될 가능성이 크다. 만약 장외시장에서 거래가 된다면 본격적인 IPO에 들어가기 전에 미리 투자하는 것도 좋은 방법이 될 수 있다. 다만, 비상장기업일 때는 투자자금의 일부만을 투자해야 한다. 그렇지 않으면 사업이 실패했을 때의 충격을 이겨내기 힘들기 때문이다.

대기업들이 이러한 사내벤처프로그램을 통해 자회사를 분리 독립시키는 것처럼, 제약/바이오 기업들도 사업부를 분사하는 경우가 있다. 몇 가지 사례를 살펴보면 다음과 같다.

티움바이오: 2016년 SK케미칼에서 분사하여 항암제 및 혈우병 치료제 개발을 전문으로 하고 있다.

이뮨온시아: 2016년 유한양행이 면역항암제 개발을 위해 분사시킨 회사이다.

아이디언스: 2019년 일동홀딩스에서 분사하여 항암 신약 개발을 하고 있는 회사이다.

특히 제일약품의 위장병 치료제를 개발해서 독립한 '온코닉테라퓨틱스'는 제약/바이오업계의 분리 독립의 성공 사례로 손꼽힌다. 동사도 2024년 말 상장 이후 모기업인 제일약품의 시가총액 2,100억 원을 훨씬 뛰어넘는 6,300억 원대의 시가총액을 기록하면서 상장 이후 성공적인 주가 움직임을 보여주고 있다.

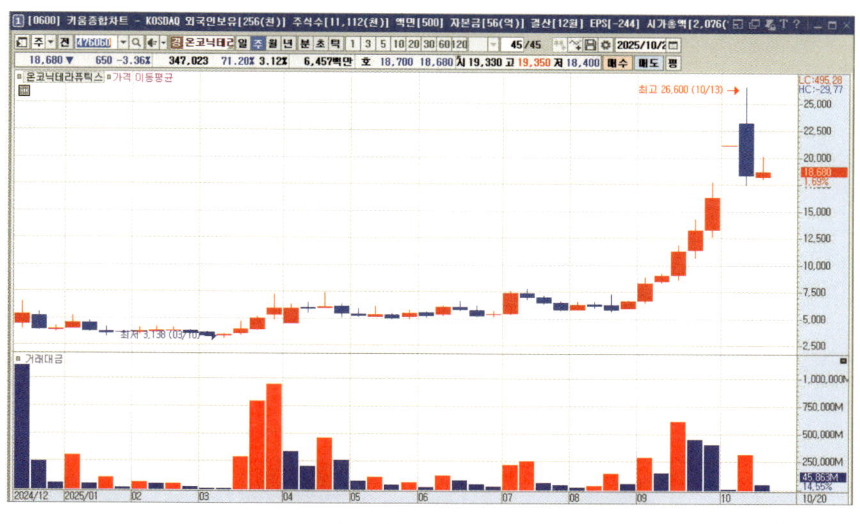

분리 독립되는 기업을 제대로 선별하기 위해서는 다양한 사례를 폭넓게 살펴봐야 한다. 만약 그런 선별능력을 가지고 있다면 누구보다 먼저 좋은 주식을 가질 수 있다.

그리고 자회사에서 분할되어 상장되는 경우 투자 전략은 모회사보다는 분리된 자회사의 투자 비중을 늘리는 것이 필요하다. 100% 투자자금을 옮기기보다는 70%는 자회사에 30% 정도는 모회사에 투자하고, 상황을 보면서 투자 비중을 조정하는 전략을 구사하는 것이 필요하다.

4. 소비자 독점으로 사람들이 꾸준히 사는 물건을 파는 기업

주식투자를 잘하는 사람들은 복리효과를 극대화하는 방향으로 투자하라고 조언한다. 이자를 주는 방법은 크게 단리(單利)와 복리(複利)가 있다. 단리는 원금에 대해서만 이자를 주지만, 복리는 원금과 이자에 대해 이자를 주는 것이다. 이 둘의 차이는 투자 기간이 길어질 때 크게 차이가 난다. 구체적인 계산식은 여기서는 생략하고 복리효과를 중심으로 이야기를 풀어보도록 하겠다.

복리효과를 설명할 때 가장 유용한 법칙이 '72의 법칙'이 있다. 이는 내 원금이 2배로 불어나는 데 걸리는 기간을 계산할 때 매우 유용하다. 예를 들어 (72÷이자율)을 해서 나오는 몫이 원금이 2배 되는 데 걸리는 시간이 된다. 만약 어느 투자자가 연복리 20%의 수익을 꾸준히 올린다면 (72÷20=3.6)이 되는데 이는 매 3년 반마다 내 돈이 두 배로 불어나는 것을 의미한다.

예를 들어 1억 원이 3년 반 뒤에는 2억 원으로 다시 3년 반이 지나면 4억 원으로 그다음은 8억 원, 16억 원, 32억 원, 64억 원 등으로 불어나는 것을 말한다. 이 원칙을 통해서 보면 복리효과가 극대화되기 위해서는 가장 높은 수익률로 가장 장기간으로 투자해야 한다. 그래서 장기 안정적으로 기업의 수익이 증가하는 기업이 주식투자를 할 때 가장 좋은 기업이 되는 것이다.

기업이 장기 안정적으로 수익을 내기 위해서 가장 필요한 것은 지속적으로 매출을 일으킬 수 있는 상품이 있어야 한다. 이런 상품을 보유한 기업은 극히 드물다. 특히 최근 우리 삶에 깊숙이 들어와 있는 스마트폰, 태블릿, 웨어러블 기기 등 IT기기들의 경우 제품의 수명이 매우 짧다.

사람들마다 휴대폰 교체주기가 최근에는 조금 길어진 듯하다. 과거에는 약 2년이었는데 요즘에는 3년까지도 늘어났다고 한다. 이렇게 사람들의 휴대폰 교체주기는 3년으로 늘어났을지라도, 스마트폰을 만들어내는 기업들의 경우에는 6개월 또는 1년에 한 번은 새로운 모델을 선보이게 된다. 이 말은 새로운 휴대폰의 제품수명주기(Life Cycle)가 매우 짧다는 것이다. 제품수명주기가 짧은 제품들을 판매하는 기업의 경우 하나의 모델이 잘못될 경우 매출에 큰 타격을 입게 된다.

잘 알려진 사례는 LG전자의 스마트폰 사업이 대표적이다. 2007년 애플의 아이폰이 세상에 선을 보였다. 그러나 우리나라에는 2009년에 처음으로 상륙했다. 그 2년의 공백 기간 동안 우리나라에서 최고의 휴대폰은 LG전자의 초콜릿폰이었다. 이 폰은 스마트폰이 아닌 일반 피처폰(Feature Phone)이었다. 당시 가격이 대당 100만 원을 웃돌 정도로 성능이 좋을 뿐 아니라 인기도 좋았다.

시장에서는 당연히 휴대폰 제조의 강자인 LG전자가 스마트폰 시장도 주도할 것으로 예상했었다. 그러나 어찌된 일인지 LG전자는 스마트폰 시장에 대응하지 않았다. 당시 삼성전자는 옴니아 시리즈를 내놓으면서 빠르게 시장에 대응하던 상태였다. 2010년대에 들어서는 온통 스마트기기의 세상이 되었다. 스마트폰, 태블릿PC 등은 없어서 못 팔 정도의 상황이 되었다.

당연히 스마트폰 시장에서 피처폰은 발 디딜 틈이 없었다. LG전자의 주가는 나락으로 떨어졌다. 2008년 16만 원을 넘던 주가는 2015년에는 4만 원 밑으로 떨어지는 어려움을 겪었다. 대표적으로 라이프사이클이 짧은 제품 중 단 한 번을 제대로 대응하지 못한 대가를 톡톡히 치르게 되었다.

이런 상황에 답을 얻기 위해 새로운 유형의 기업형태를 고민해야 한다. 그래서 그 이름을 LTPG(Long-Term Profitable Growth)형 기업이라고 이름을 짓는다. LTPG형기업이란 장기적으로 수익성 있게 성장을 하는 기업을 말한다. 이런 유형의 기업은 하나 또는 복수의 제품이 장기간 베스트셀러로 팔리며 수익성을 꾸준히 유지하는 기업을 뜻한다.

이런 제품들의 특징은 장기적으로 잘 팔리는 것인데, 소비자들이 꾸준히 반복적으로 자주 구매를 하는 제품을 말한다. 우리 주위에 그런 제품이 있는지 살펴보자. 예를 들어 오리온 초코파이는 예나 지금이나 사랑을 받는 제품이다. 특히 해외에서 더 큰 사랑을 받는다고 한다.

최근에는 한류바람을 타고 유행하는 커피 레시피가 있다. 바나나맛우유 2/3컵에 스틱커피 2~3개를 뜨거운 물에 녹여 얼음과 함께 섞으면 바나나우유라테가 완성된다. 외국인 관광객들이 편의점에 와서 챌린지를 하듯이 이 음료를 즐긴다. 사실 빙그레 바나나맛우유는 오래전부터 사랑받던 제품이다.

아빠들의 로망 중 하나가 아들과 함께 목욕탕에서 목욕을 하고 난 다음 바나나맛우유를 하나씩 들고 집에 가는 장면을 연출하는 것이었다. 그래서 빙그레 바나나맛우유는 긴 시간 동안 사랑받고 있다.

이런 예는 또 있다. 마땅한 간식이나 반찬이 없던 시절 참치캔은 많은 애호가의 반찬으로 또는 안주로 사랑을 받았고 이에 힘입어 명절 상품으로도 많이 팔리고 있는 제품이다. 참치캔 사업을 가장 잘했던 기업은 동원F&B다. 이 회사는 2025년 동원산업으로 흡수합병되면서 동사는 상장폐지가 되었다. 하지만 동사의 주가 동향을 살펴보면 다음과 같다.

동원F&B 월봉

출처: 영웅문

앞의 사례로 설명한 종목들은 사실 기업의 가치가 실현된 종목들로, 지금 매수해서는 폭발적인 수익을 내는 것은 어렵다. 투자자들이 LTPG의 아이디어를 가지고 새로운 종목을 찾아가야 한다. 사실 이런 작업은 쉽지 않지만 하나의 아이디어를 제시하면 다음과 같다.

최근 복지부의 자료나 국제기관의 자료를 살펴보더라도 사람들의 기대수명이 크게 늘어나고 있다. 통계청에서 밝힌 2024년 기준 기대수명은 83.5년이고, OECD에서 발표한 기대수명도 세계 5위 수준인 83.5년으로 나타났다. 이렇게 사람들의 수명이 늘어나면 실버산업이나 헬스케어 쪽에서 LTPG형 기업이 나타날 가능성이 매우 크다고 본다.

특히 남성들보다는 여성들이 미용에 대한 관심이 많다. 바로 주름살이 생기는 것에 대해 매우 큰 스트레스를 받을 가능성이 크다. 그래서 한때 주목했던 품목이 바로 '보톡스'였다. 지금은 보톡스 시장이 경쟁 상태에 들어갔지만, 처음에는 메디톡스라는 종목이 시장을 주도했었다. 기업에 대한 얘기는 뒤에 살펴보도록 하고 아이디어를 보는 것이다. LTPG는 장기적으로 또 반복적으로 매출이 발생하는 것이 기본이다.

보톡스를 한 번 맞은 사람들은 한 번으로 끝나지 않는다. 보톡스는 맞고 나서 시간이 지나면 빠지게 된다. 그래서 다시 반복해서 주사를 투입해서 주름을 개선시킨다. 그런데 보톡스가 단지 주름개선용으로만 사용되는 것은 아니다. 의료용으로도 사용된다.

가장 대표적인 예가 아래턱이 앞으로 나오는 부정교합이 있는 사람들이 있다. 부정교합은 병이 아니기 때문에 환자라고 표현하는 것이 적절치 못하다.

부정교합을 가진 사람들은 심한 경우에는 수술적인 조치를 해야 하지만, 그렇지 않은 경우는 통증이 있을 때 턱관절 부분에 보톡스를 주입하면 통증이 개선된다. 여기에 더 나아가 나이든 사람들의 요실금 개선에도 사용된다. 이 말은 적용증이 넓어지면 보톡스를 찾는 사람들도 자연히 증가하게 된다.

그러나 보톡스라는 제품 하나가 잘 팔린다고 해결되는 것은 아니다. 그 시장의 경쟁관계를 봐야 한다. 만약 그 시장이 완전경쟁 상태로 간다면 수익성이 떨어지는 것은 당연한 일이 된다. 시간이 지나면 경쟁관계도 정리되겠지만, 비단 보톡스뿐만 아니라 이런 종류의 제품들이 어디에 있는지를 찾는 작업을 하는 것이 중요하다. 보톡스 시장에서 메디톡스가 독보적인 움직임을 보일 때의 주가 동향을 참고삼아 살펴보면 다음과 같다.

메디톡스 월봉

출처: 영웅문

LTPG형 종목을 찾을 때는 제품 성능이 좋다는 이유만으로는 이 유형이 성립되지 않는다는 점을 유의해야 한다. 제품이 아무리 좋더라도 사람들이 반복적으로 구매하지 않는다면 그 제품은 결국 시장에서 사라지게 된다.

가장 불안하게 보는 시장이 LED조명산업이다. 반드시 그렇지는 않겠지만, LED조명에 대해 선전할 때 '반영구'라는 문구를 넣는다. 투자를 하는 사람의 시각에서는 섬뜩한 문구다. 한 번 사면 죽을 때까지 더 사지 않아도 되는 물건이 된다. 적당히 망가지고 그래서 반복적으로 구입하는 물건이 중요하다는 것을 강조한다.

5. 경제적 부가가치를 많이 창출하는 기업

주식시장에 상장된 종목은 모두 사업을 하는 기업이다. 사업을 제대로 하는지 한눈에 살펴볼 수 있는 지표가 있다. 바로 경제적 부가가치(Economic Value Added: EVA)라는 지표다.

경제적 부가가치는 최근에 나온 개념이 아니다. 이 지표는 1890년 영국 케임브리지대학교 교수였던 알프레드 마샬(Alfred Marshall, 1842~1924)이 저서인 『경제학원론(Principles of Economics)』에서 그 개념을 잡아 놓은 유서 깊은 지표이고 또 장사의 기본을 측정하는 지표이다.

예를 들어 어느 기업이 사업을 시작한다면 우선적으로 해야 하는 일은 자본을 끌어오는 일이다. 여기서 말하는 자본이란 남에게서 빌려온 것일 수도 있고, 그렇지 않으면 자신의 돈으로 사업자금을 댄 것도 포함한다. 남의 돈을 가져온 것을 타인자본이라 하고, 자기 돈을 댄 것을 자기자본이라 한다.

문제는 각각의 자본을 사용하는 데는 비용이 발생한다는 것이다. 타인자본에 대해서는 이자를 지급해야 하고, 자기자본에 대해서는 배당도 줘야 하고 또 주주총회를 열게 되면 이런저런 비용이 발생하게 된다. 그런 비용을 자본비용이라 한다.

어찌됐든 기업은 자본비용을 주기로 하고 자본을 끌어와서 사업에 필요한 투자를 하게 된다. 그러면 사업에서 영업이익이 발생하는데 그 영업이익에서 자본비용을 빼고도 돈이 남았다면 경제적 부가가치가 창조된 것이다. 그런데 문제는 영업이익을 모두 동원해도 자본비용을 충당하지 못하면 이때는 이자도 못 갚은 기업이 되어 부가가치를 파괴하는 기업이 되는 것이다.

그래서 EVA가 양(+)의 값을 갖게 되면 가치를 창조하는 기업으로, 정상적으로 영업을 잘하고 있다고 판단하면 된다. 만약 EVA가 음(-)의 값을 갖게 되면 가치를 파괴하는 기업으로, 앞으로는 벌고 뒤로는 까먹는 기업이 되는 것이다.

EVA와 관련해서 몇 가지 에피소드가 있다. 첫 번째는 우리나라 주식시장에 상장된 기업들의 EVA를 한국거래소가 전수조사를 한 적이 있다. 그때는 1996년이었는데 놀랍게도 상장된 기업의 70% 정도가 EVA가 음(-)의 값을 기록한 것으로 분석됐다. 한마디로 장사의 기본을 지키지 못하는 기업들이 상장기업이라고 시장에 버젓이 거래되었던 것이다.

1997년 말 겪었던 IMF 외환위기를 기억한다. 한마디로 국가 부도가 난 상황이었다. 입 가진 학자들은 모두 한마디씩 거들면서 IMF의 원인을 분석했다. 혹자는 외국에서는 단기로 돈을 빌려와서 국내에서는 장기로 대출을 주면서 만기불일치로 인해 벌어진 일이라고 했고, 다른 사람은 국민들이 과소비를 해서 문제가 됐다고 헛소리를 해댄 사람들도 있다.

나도 한마디 거든다면 장사의 기본도 지키지 못하면서 경영을 개판으로 하는 기업들이 우리나라 대표기업으로 자리 잡고 있는데 경제위기가 오지 않는다면 그것이 더 이상하지 않았을까 싶다.

두 번째 사례는 IMF 외환위기를 넘기는 상황에서였다. 삼성그룹의 이건희 회장이 계열사 사장들을 불러 모아놓고 앞으로 삼성그룹 CEO(최고경영자)들의 평가를 EVA를 기준으로 하겠다고 발표했던 것이다. 그래서 삼성그룹 계열사 CEO들은 부랴부랴 EVA를 양(+)으로 돌려놓았다. 그 덕에 IMF 외환위기 이후 삼성그룹 계열사들의 주가회복이 제일 빨리 나타났다. 이런 사례를 통해 본다면 장사의 기본을 지키는지를 알아보는 EVA지표가 기업성과는 물론이고 주가에도 매우 큰 영향을 준다는 것을 알 수 있다.

그런데 문제는 대부분의 기업경영과 관련된 지표들은 투자자들이 매일 사용하는 HTS(홈트레이딩시스템)이나 MTS(모바일트레이딩시스템)에서 확인이 가능하다. 그러나 EVA는 그렇지 않다. EVA는 신용평가회사에서 제공하는 유료 정보시스템에서 입수가 가능해서 일반인의 접근이 어렵다는 단점이 있다.

최근 연구된 논문들을 보면 EVA가 마이너스로 돌아서고 2년이 지나면 기업의 부도 가능성이 매우 높아진다는 결과들이 보고되고 있다. 이런 중요한 지표이니 비용이 들더라도 주식투자를 할 때는 반드시 확인해야 하는 지표이다. EVA는 아직 재무지표로 사용하는 방법에 대해 그 연구가 많이 진행된 것은 아니다. 그래서 그 값이 플러스(+)인가 아니면 마이너스(-)인가를 확인하는 것이 필요하다.

주요 기업 EVA 현황

종목	2024년 EVA	종목	2024년 EVA
SK하이닉스	10조 7,549억 원	NAVER	1조 2,704억 원
기아	5조 1,299억 원	한화에어로스페이스	1조 1,242억 원
현대차	1조 7,068억 원	크래프톤	9,234억 원
HMM	1조 5,368억 원	SK	7,942억 원
POSCO홀딩스	1조 4,650억 원	KT&G	7,542억 원

2024년 12월 말 기준으로 유가증권시장의 EVA 상위 10개 종목을 살펴보면 위와 같다.

SK하이닉스가 가장 큰 EVA를 기록했고 그 다음은 기아, 현대차, HMM, POSCO홀딩스 순이다. 많은 사람들이 의아해하는 것은 삼성전자가 EVA상위에 보이지 않는 것이다. 나이스평가정보에서 입수한 자료에 의해보면 삼성전자는 같은 기간 EVA가 -4조 7,126억 원을 기록해서 가치파괴를 보여주고 있었다. 그만큼 삼성전자에게는 경영상 시련의 시기가 있었다고 볼 수 있다.

EVA 크기로 1위를 차지한 SK하이닉스와 한화그룹의 최선호주로 떠오른 한화에어로스페이스의 주가 동향을 살펴보면 다음과 같다. SK하이닉스는 EVA가 개선되는 2024년 완만한 상승세를 보인 이후 2025년 들어서는 본격적인 상승세를 보였다. 특히 인공지능 관련된 반도체주식이 주도를 한 상승에서 최우선 선도주가 되어 급상승하는 모습을 보였다.

다음은 한화에어로스페이스 주가 동향이다. 동사는 방위산업과 관련해서 독보적인 위치를 차지하고 있고 러시아-우크라이나 전쟁이 발발되면서 우리

SK하이닉스 주봉

출처: 영웅문

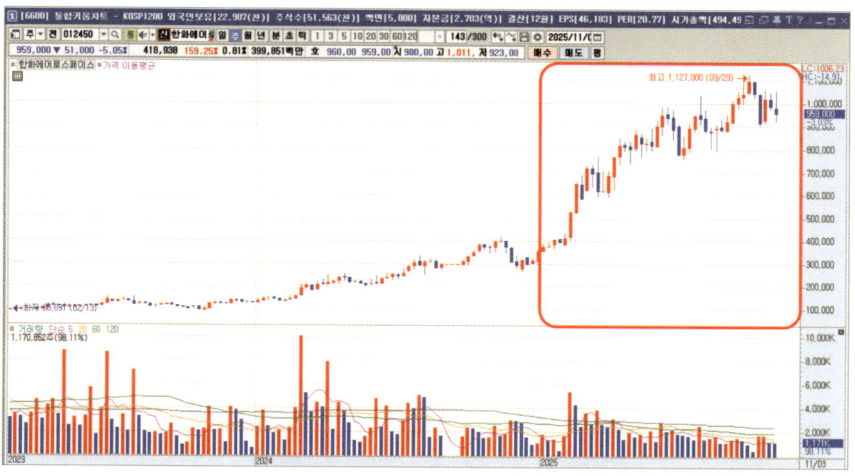

한화에어로스페이스 주봉

출처: 영웅문

나라 방위산업의 위상이 높아져 무기수출이 늘어났다. 이에 힘입어 최근 5년 연속 EVA가 플러스를 기록하는 탄탄한 경영 상태를 보여주고 있다.

그 덕에 주가는 꾸준히 상승해 2025년 9월에는 황제주를 가늠하는 가격인 100만 원대 위로 올라오면서 황제주에 등극하는 모습까지 모였다. 2023년 2월 주가가 86,000원이었다는 점을 감안한다면 3년이 채 안 되는 기간 동안 10배 이상의 주가 상승을 보인 것이다. 이런 점이 바로 EVA의 힘이라고 볼 수 있다.

대박주식을 찾는 작업은 깊은 바닷속이나 높은 산꼭대기에 있는 것이 아니다. 실제로는 우리 주위에 가깝게 자리 잡고 있다. 바로 장사의 기본을 지키면서 돈을 많이 버는 기업이 대박주식의 후보가 된다. 그 상황을 가장 잘 알아볼 수 있는 지표가 경제적 부가가치를 뜻하는 EVA이다.

1602년 네덜란드에서 설립된 주식회사의 원조 동인도회사도 사람들의 주목을 받은 것은 온갖 위험이 도사리는 해상무역의 어려움을 이겨내고 꾸준히 인도와의 교역에 성공해서 주주들에게 큰 배당을 안겨주었기 때문이다.

투자자들이 회사에 투자하는 이유는 간단하다. 장사 잘해서 번 돈으로 배당을 두둑하게 주든지 그렇지 않으면 주가를 올려주기를 바라기 때문이다. 주식시장에서 상장된 기업들의 EVA를 면밀히 추적하면 사야 할 종목과 절대 사서는 안 되는 종목을 구분할 수 있다.

손을 뻗으면 닿을 곳에 있는 지표는 아니다. 그렇다고 이렇게 중요한 지표를 무시하고 투자해서도 안 된다. 만약 이 지표가 필요하다면 자신이 거래하는 증권사 리서치센터에 문의해서라도 투자하려고 하는 종목의 EVA를 확인하기 바란다.

6. 사람들에게 반드시 필요한 서비스를
제공하는 기업

2000년대 초반의 일이었다. 당시 경제방송에 출연하면서 다소 세간에 이름을 알리고 있을 때였다. 밤늦게 방송을 마치고 방송국을 나서려는데 덩치 큰 사나이들이 내 앞을 가로막고 서서 잠시 얘기를 하자고 했다. 사실 덩치만 큰 것이 아니고 조폭들이었다. 순간 숨 막히는 긴장감을 느꼈지만, 그들은 의외로 공손한 자세로 얘기를 하자는 것이었다.

그들의 얘기를 간단히 소개하면, 당시 지방조폭조직이었던 그들은 특정 사건이 발생하면서 조직이 와해되는 상황에 처했고, 조직을 추스르는 자금을 마련하기 위해 지방에서 장례식장을 하겠다는 것이었다. 그 사업을 위한 자금을 조달하려고 했는데, 은행 지점장이 사업계획서를 만들어 와야 대출이 가능하다고 했고, 그 사업계획서를 만들어줄 사람을 찾다가 방송에서 경영학을 전공한 교수가 출연하는 것을 보고 무작정 찾아왔다는 것이었다.

순간 나는 그 지점장을 원망하지 않을 수 없었다. 대출을 해 줄 요량이면 본인이 주위 사람들에게 부탁해도 될 일을 굳이 본인이 하지 않은 것은 내심 대출해 줄 의사가 없었던 것은 아닌지 모를 일이었다.

그러나 내 입장에서는 사업계획서를 만들어주지 않을 수 없었다. 왜냐하면 매일 방송 마치는 시간에 방송국 앞에 진을 치고 나를 기다릴 기세였기 때문이었다. 그래서 그들에게 사업계획서를 만들려면 장례용품의 원가표와 판매가격표를 구해달라고 했다. 적어도 장례용품의 가격과 원가, 그리고 한 달에 몇 차례나 장례식장 빈소가 운영되는지를 알아야 했기 때문이었다.

그들은 곧 내가 요구한 자료를 가져왔다. 그 자료를 검토하던 나는 깜짝 놀랄 수밖에 없었다. 장례에 기본적으로 쓰이는 수의와 관의 마진율이 어마어마하다는 것을 확인했기 때문이었다. 결국 나는 그 자료를 바탕으로 사업계획서를 만들어 줬다. 그 이후 그들이 대출을 받아서 실제로 장례식장 운영을 했는지는 알 수 없는 일이었지만, 장례식장이 거둘 것으로 보이는 어마어마한 마진을 당시에 확인했다는 것만으로도 내가 겪은 공포감을 상쇄하기에 충분했다.

지금은 장례식장이 포화 상태에 이르렀다는 보도를 많이 본다. 그러나 실제 우리나라의 경우 1990년대 중반 이후 병원 영안실이 사실상의 장례식장 역할을 하다가, 1995년 「의료법 시행규칙」이 개정되면서 병원장례식장 운영이 법적으로 인정되었다. 이후 장례는 장례식장에서 행하는 것이 일반화되었다. 그리고 그 사이 그들은 경쟁이 치열해지기 전까지 많은 돈을 벌었다.

우리 주위에는 사람들이 살아가는 데 반드시 필요한 서비스를 해주는 사업이 있다. 앞의 예와 같이 사람이 죽으면 장례를 치르는 사업도 있고, 또 환경

문제와 관련해서 해충을 방제하는 일도 있다. 한강변처럼 범람이 잦아 매립한 곳에 집을 지으면 그 습한 기운을 타고 바퀴벌레 등 해충의 번식이 왕성해진다. 그런 해충을 방제하는 산업도 우리에게 꼭 필요한 사업이 될 수 있다.

그리고 1인 가구의 증가로 인한 안전문제 또는 기업들의 보안문제 등의 중요성이 부각되면서 시큐리티산업(보안산업)도 사람들에게는 반드시 필요한 산업이 되었다.

이런 산업 중 남들이 사업하기 꺼리는 산업도 있다. 지금은 혐오산업을 혐오에 기반한 콘텐츠 등과 관련된 것으로 정의하고 있지만, SNS가 일반적이지 않았을 당시에는 남들이 하기 싫어하는 산업을 혐오산업이라고 불렀던 적도 있다. 이런 산업은 그 특성상 경쟁자가 없는 경우가 많다. 즉, 독점 내지는 과점 상태를 만들 수 있다.

사람들에게 반드시 필요한 서비스를 하는 기업은 그 수요 기반이 탄탄하다는 장점이 있다. 그래서 어지간해서는 실적 변동이 크지 않다는 장점이 있다. 안정적인 수익구조는 주가 상승에 큰 동력이 될 수 있다. 현재 상장된 기업 중 보안 사업에서 독보적인 지위를 가진 기업은 에스원이다. 동사는 1977년에 설립되어 1996년에 주식시장에 상장되었는데, 상장 이후 꾸준한 주가 상승을 보였다. 동사의 상장 이후 주가 동향을 보면 다음쪽과 같다.

에스원의 주가 동향은 상장 이후 20년간 지속적인 상승세를 보였다. 그 이후 경쟁자들이 들어오면서 주가가 조정국면에 들어갔지만, 사람들에게 반드시 필요한 서비스를 제공하는 회사의 초기 주가 흐름을 파악하기는 부족함이 없다.

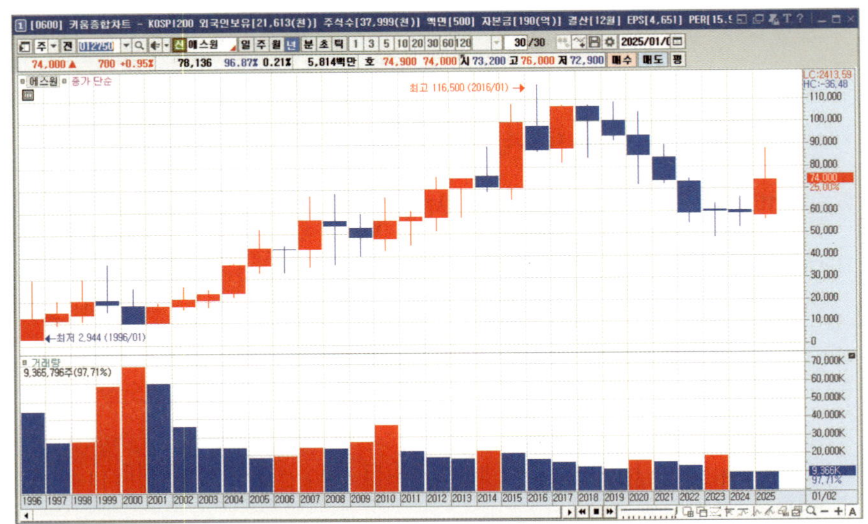

에스원 연봉

출처: 영웅문

비상장기업이긴 하지만, 해충방제산업의 선두주자인 세스코도 관심의 대상이다. 동사는 국내 해충방제 시장에서 90%에 가까운 시장점유율을 차지하고 있으며, 현재 장외시장에서 주식이 거래되고 있다. 세스코의 연도별 매출액과 영업이익을 살펴보면 다음과 같다.

세스코 연도별 실적 동향

(단위: 억 원)

	2020년	2021년	2022년	2023년	2024년
매출액	3,634	3,847	3,989	4,236	4,693
영업이익	611	505	374	332	471

동사의 최근 5년간의 매출액은 한 해도 감소하는 일 없이 증가하고 있다.

물론 영업이익은 등락을 거듭하고 있는 것은 사실이다. 동사의 재무 상태에 대해서는 업계에서는 전체 상위 2%에 들어간다는 평가를 받고 있다. 환경변화와 글로벌 교역의 영향으로 새로운 해충이 유입되는 것은 물론이고 1인 가구의 증가로 해충방제에 대한 수요는 계속 증가할 것으로 전망해 볼 수 있다.

장외에서 거래되고 유동성 등에 대한 위험이 없는 것은 아니며, 동사가 상장했을 경우 투자성과는 당장에 가늠할 수 없지만, 앞서 에스원의 주가 동향에서 봤듯이 상당한 투자수익을 거둘 수 있을 것으로 판단된다.

이렇듯 시대에 따라 사람들에게 꼭 필요한 서비스를 제공하는 산업이 나타나게 된다. 그런 사업을 하는 기업이 어떤 것들이 있는지 살피는 것이 중요하다. 아마도 환경 관련된 산업 중에서 관심을 끄는 기업이 나타날 가능성이 크다.

우리나라 폐기물산업의 경우 지역별로 허가를 받기 때문에 전체 시장 규모는 크지만 기업별로 처리할 수 있는 규모는 제한적이다. 그런 점에서 최근 폐기물업체들 간의 합종연횡이 활발하게 이루어지고 있다. 전국적인 시장을 가진 업체가 나타난다면 이것도 관심을 가져볼 만한 사업이다.

그리고 대부분의 가정에 정화조를 두고 있는데, 「하수도법」에 따라 일 년에 한 번은 정화조를 청소해야 한다. 지금은 지방자치단체가 관리하면서, 허가한 전문업체에 분뇨수집과 운반, 정화조 청소와 처리를 위탁하고 있다. 만약 어느 때 이런 사업이 민간업자가 맡아서 본격적인 사업화를 한다면 이 또한 사람들에게 반드시 필요한 서비스를 하는 사업이 될 것이다.

투자자들은 주식을 매입해서 수익을 내는 사람들이다. 그들이 예전 기준의 혐오산업을 직접 경영하는 것은 아니다. 따라서 어떤 산업이든 안정적인 기업실적과 우수한 주가 상승을 가져다준다면 무엇이든 마다할 이유가 없다.

우리는 소비부족의 시대를 살고 있다. 그래서 많은 사업이 큰 낭패를 보고 있다. 최근에는 서민들의 최후 보루로 알려진 편의점도 적자가 발생해서 사업을 축소하는 일이 벌어지고 있다. 이런 시대에 사람들이 꾸준히 찾고 있고 그런 수요를 바탕으로 꾸준한 실적으로 올리는 산업이 있다면 이는 꼭 챙겨야 하는 투자 대상이 된다.

7. 3세, 4세에게 승계하기 위한 핵심 징검다리 기업

우리나라 재벌 기업들은 1945년 광복 이후부터 계산하더라도 2026년 현재 80여 년의 세월이 흘렀다. 한 세대를 30년으로 본다면 창업한 지 오래된 기업은 3세 내지는 빠르면 4세로 경영권 승계가 이뤄지고 있다. 물론 업력이 짧은 기업들의 경우 2세에게 경영권을 물려주는 상황이다.

LG그룹이 4세 경영을 하고 있고, 삼성그룹, 현대그룹, 그리고 한화그룹의 경우 현재 3세 경영이 이루어지고 있으며, SK그룹은 현재 2세 경영이 이루어지고 있다. 재벌들의 초미의 관심은 자식들에게 경영권을 무사히 넘겨주는 데 있다. 그래서 그들은 회사차원에 일찌감치 경영권 승계 작업을 하고 있는 것도 사실이다.

쉽게 생각하면 상속이나 증여의 형태로 물려주는 것이 당연하다고 생각될 수 있지만, 그럴 경우에는 막대한 상속세나 증여세를 내야 하기 때문에 주식시장을 이용해 세금을 덜 내면서 효과적으로 경영권을 물려주는 방법을 택하고 있다. 이때 가장 많이 사용되는 것이 바로 비상장계열사를 통해 승계자금도 만들고 또 지분매입 등의 방법으로 세금을 회피하는 방법을 쓰고 있다.

그래서 승계작업에 동원되는 비상장주식을 장외에서 미리 매입하는 것도 좋은 투자법이 될 수 있다. 비상장회사가 경영권 승계에 동원된 사례를 몇 가지 살펴보면 다음과 같다.

먼저 말도 많고 탈도 많았던 삼성그룹은 선대회장인 이건희 회장에게서 그 아들인 이재용 회장에게 경영권을 물려주는 과정에서 삼성에버랜드를 이용했다. 당시 에버랜드는 비상장회사였는데, 이재용 회장은 1996년 아버지에게서 60억 8천만 원을 증여받아 증여세 16억 원을 납부하고 그 돈으로 에버랜드의 전환사채 45억 원어치를 매입했다. 당시 전환사채의 전환가격은 7,700원이었다. 그리고 이 전환사채를 주식으로 전환해서 에버랜드의 지분율 25.1%를 확보하면서 최대주주가 되어 경영권 승계의 발판을 마련했다.

문제는 2014년 이건희 회장이 갑자기 심근경색으로 쓰러지면서 경영권 승계가 빨라지기 시작했는데, 그 핵심은 삼성전자의 경영권이 무사히 이재용 회장에게 승계되는 것이었다. 그러나 이재용 회장은 당시 삼성전자의 주식을 거의 보유하고 있지 않았다. 그래서 삼성전자 주식을 많이 가지고 있는 회사를 찾아보니 삼성물산이었다. 그런데 이재용 회장은 삼성물산의 주식도 거의 가지고 있지 않았다.

이때 생각해 낸 것이 에버랜드가 제일모직을 인수합병하고, 제일모직이 삼성물산과 합병함으로써 삼성전자의 지분율을 확보하는 방법이었고, 2015년 9월 삼성물산과 제일모직을 합병함으로써 승계작업을 마무리할 수 있었다.

여기서 핵심 역할을 한 것이 바로 비상장회사였던 에버랜드였다는 사실이다.

징검다리 기업 중 삼성그룹 합병 당시 삼성물산의 주가 동향을 보면 다음과 같다.

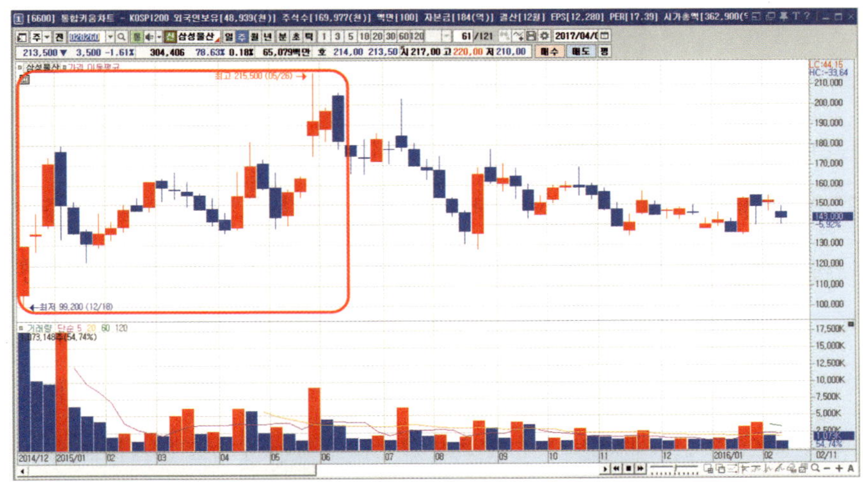

삼성물산 주봉

출처: 영웅문

현대차그룹의 경우는 아직 정몽구 회장에게서 정의선 회장에게로 완전히 승계작업이 끝난 것은 아니지만, 그 핵심에는 현대엔지니어링이란 회사가 있다. 정의선 회장은 현대엔지니어링을 통해 확보한 자금으로 현대모비스 지분을 추가로 매입해 그룹의 순환출자 구조를 해소하고 지배력을 강화할 계획이다. 이 밖에도 한화그룹의 한화에어로스페이스도 사업 부분 조정을 통해 3세의 지배력을 강화하는 방식으로 활용되고 있다.

이와 같은 징검다리 역할을 하는 기업에 주목해야 하는 것은 이들은 비상장회사 그리고 소규모 회사로 출발하지만, 그룹차원의 집중적인 지원과 성장 전략을 통해 막대한 승계자금을 만드는 창구역할을 하게 된다는 것이다. 이들이 승계에 기여하는 방법은 다음과 같다.

첫째, 일감 몰아주기를 통해서 자산을 증식시킨다. 그룹 내 다른 계열사들이 징검다리 기업에 안정적인 일감을 제공해서 빠르게 성장시키고, 이를 통해 총수 일가의 지분가치를 상승시키는 방법을 쓴다.

둘째, 지분 확대와 자금 확보를 한다. 일감 몰아주기 등으로 기업가치를 높인 다음에는 거래소에 직접 상장을 하거나 그렇지 않으면 다른 핵심 계열사들과 합병함으로써 우회상장을 한다. 이를 통해 총수 일가가 그룹 전체에 대한 지배력을 확대하거나 막대한 상속 및 증여세 재원을 마련한다.

셋째, 승계작업 전 경영능력 검증 및 경영교육을 하는 데 사용된다. 즉, 자식들에게 공식적으로 승계하기 전에 후계자가 특정 계열사를 맡아 능력을 검증받는 역할을 하기도 한다.

최근 세간의 관심을 받고 있는 그룹은 CJ그룹이다. 이재현 현 회장이 CJ올리브영 합병을 통해 장남에게 승계할 구도를 구축할 것이란 관측이 나오기 때문이다. CJ올리브영은 매년 최고 실적을 내고 있다. 최대 지분은 CJ그룹이 보유한 만큼 동사의 호실적은 CJ주가 상승에도 그대로 영향을 미친다. CJ올리브영은 당장 주식시장에 상장하는 것 대신 그룹합병으로 예상하는 이유도 CJ그룹이 캐시카우인 동사를 그룹에 편입시키면 장남 승계가 수월해질 수 있다고 보기 때문이다. CJ올리브영의 지분구조는 다음과 같다(2024년 말 기준).

CJ올리브영 지배구조 현황

주주명	지분율	주주명	지분율
CJ주식회사	51.15%	이소혜	2.83%
한국뷰티파이어노어	11.28%	이호준	2.83%
이선호	11.04%	자기주식	11.29%
이재환	4.64%	기타	0.73%
이경후	4.21%	합계	100.00%

현재 CJ올리브영은 이재현 현 회장의 장남인 이선호 실장에게 승계하는 과정에 징검다리 역할을 할 가능성이 매우 큰 기업이다. 지난 2019년 법인 설립 이후 CJ올리브영은 매년 최고 매출을 갱신하고 있다. 설립해와 2023년 매출액은 각각 3,659억 원, 3조 8,682억 원으로 5년 새 10배 이상 상승했다.

2024년 전체매출은 약 4조 4,000억 원이 넘은 것으로 추산된다. 2024년 별도 기준 3분기 매출액과 순이익 역시 각각 전년 동기 대비 23%, 22% 증가했다.

CJ올리브영이 CJ와 포괄적 주식 교환 방식으로 합병하게 될 경우 오너 일가 지배력은 크게 확장될 전망이다. 합병을 통해 오너 일가는 지주사인 CJ가 보유한 지분을 배분받을 수 있게 되는데 그 분량만큼 오너 일가가 흡수할 지분은 상당하다. CJ 이재현 회장이 이를 통해 장남 승계 구도를 구축하려는 게 아니냐는 추정이 나오는 배경이다.

이렇듯 재벌 승계의 징검다리 역할을 하는 기업들의 경우, 실적도 좋고 또 상장 가능성이 크기 때문에 언제든지 관심을 가져야 한다. 문제는 상장되기 전에 장외시장에서 거래가 된다면 그때 투자해야 하는데, 그렇게 하기 위해서는 많은 정보탐색이 필요한 것도 사실이다.

반드시 재벌 승계의 징검다리는 아니지만, 대기업집단 내의 내부거래를 통해 이익 몰아주기를 하는 기업이 상당수 있다. 내부거래를 통하면 큰 노력 없이도 높은 실적을 거둘 수 있기 때문이다. 물론 그런 수혜를 받는 대부분의 기업이 비상장이다 보니 정보탐색비용이 많이 드는 것도 사실이다. 최근 공정거래위원회에서 조사한 총수일가 지분보유 계열사들의 내부거래 비중이 높은 기업 TOP5를 소개하면 다음과 같다.

총수일가 지분보유 계열사들의 내부거래 비중 현황

순위	기업명	전체 계열사		오너일가 지분이 있는 계열사	
		전체 계열사수	내부거래 비중	계열사수	내부거래 배중
1	대방건설	42	42.50%	2	86.31%
2	넥슨	19	11.70%	2	84.13%
3	삼성	63	56.00%	6	66.47%
4	셀트리온	8	65.00%	5	65.14%
5	한국타이어	24	60.20%	14	61.09%

재벌기업의 내부거래가 총수 일가가 지배하는 계열사를 부당 지원하는 수단으로 활용되는 것은 이제 공공연한 비밀이 되었다. 일감 몰아주기 등 부당 내부거래는 총수 일가의 사익편취로 귀결되고, 이는 경영권 승계의 징검다리 역할을 하는 중요한 매개수단이 됐다.

사회적으로 본다면 당연히 지탄받아 마땅한 일이다. 그러나 주식투자자들 입장에서 보면 이는 좋은 투자 대상이 될 수도 있다. 물론 건전한 주식투자 문화가 자리 잡아야 하는 것은 마땅하다. 그러나 조금 더 냉정하게 본다면 위험은 줄이고 수익을 늘릴 수 있는 좋은 투자 대상이 그곳에 있다는 것도 부인할 수 없는 일이다.

투자를 하고 말고는 본인이 선택하는 것이다. 아무튼 그곳에 수익을 낼 수 있는 길이 있는 것은 분명하다. 그러나 그들이 그 좋은 투자안을 공유하지 않으려고 하는 것도 알아야 한다. 만약 그들의 이익에 편승할 수 있다면 더없이 좋은 투자가 될 수 있다는 것을 기억하자.

8. 그들만의 왕국 지주회사

주식시장을 자본주의의 꽃이라고 한다. 그 자본주의의 꽃이 만개할 수 있도록 해준 것이 바로 주식회사 제도다. 주식회사 제도를 살펴보면 그 안에는 다수결의 원칙이 절대적이다. 그래서 이론적으로 보면 주식지분율이 50%+1주만 있으면 경영권을 절대 잃지 않는 구조가 된다.

그런데 해방 이후 우리나라는 정부주도의 고속성장기를 거치면서 제대로 된 계획경제에 가까운 경제운용을 해왔다. 그래서 제대로 된 자본주의가 뿌리내리는 데 매우 긴 시간이 필요했다.

1961년 5.16 군사정변으로 정권을 잡은 박정희 군사정권은 경제 개발 5개년 계획을 기초로 경제개발에 박차를 가했다. 경제가 자리를 잡는 과정에서 나타나는 부작용 중 하나가 제대로 된 자본이 축적되지 못한 상태에서 경제에 필요한 돈이 늘 부족한 자금부족 현상이 심해졌다.

부족한 재원은 정부의 계획에 부합하는 기업에게는 대출이 되지만, 그렇지 못한 기업들은 대출기관에서 제외되어 사채시장을 전전하면서 간신히 목숨 줄을 이어갔다. 그래서 군사정권이 생각한 것은 주식시장을 활성화시켜서 부족한 자본을 충당하는 방법이다.

그러나 기업들의 생각은 달랐다. 기업을 공개해 주식시장에 상장하면 투자자들이 돈을 들고 주식을 사려 할 테니 기업에 필요한 자금이 충분히 조달될 수 있었다. 그럼에도 기업들은 기업공개를 하는 것 자체가 다른 사람들에게 기업을 뺏긴다는 생각을 한 것이다. 그래서 아무도 선뜻 기업공개를 하려고 나서지 않았다.

이 문제를 해결하기 위해서 정부는 「자본시장육성에 관한 법률」과 「기업공개촉진법」을 만들어 공개하지 않는 기업에 대해 세무조사 등의 불이익을 줄 것이란 협박을 하면서 기업공개를 종용했다. 이런 과정을 거치고서야 기업들은 마지못해 기업을 공개하고 상장을 하기에 이르렀다.

그런데 이 과정에서 주식시장의 생리를 꿰뚫어 본 기업가는 지금은 사라진 대우그룹의 김우중 회장이었다. 그는 주식시장과 채권시장을 적극적으로 활용해서 자금을 조달하고 회사를 키워 한때 대우그룹을 국내 최고의 그룹으로 성장시켰다. 문제는 대우그룹이 그 위상을 유지하지 못하고 공중분해 됐다는 데 있다.

우리나라 기업가 대부분은 주식시장이란 제도가 자신의 기업을 지켜주지 못할 것이란 막연한 불안감을 가지고 있다. 그래서 과거에는 회사들 간에 상호출자를 통해서 서로서로 주식을 들고 있으면서 회사를 지켜나갔다. 그러나 이런 상호출자 과정에서도 IMF 외환위기를 지나면서 회사를 지켜내지 못한

곳들이 생겨났다. 그래서 다시 고민해서 만들어 놓은 것이 바로 지주회사체
제이다.

지주회사(Holding Company)는 다른 주식회사의 주식을 보유함으로써 자회
사 내지는 손자회사를 지배하는 것을 사업 목적으로 하는 주식회사다. 이 제
도는 IMF 외환위기 전까지는 합법화되지 못했지만, 그 이후 합법화되어 순환
출자구조를 해소하고 대부분의 재벌 그룹이 지주회사 체제로 전환하고 있다.

예를 들어 지주회사가 자회사 주식을 50%+1주를 보유하면 그 회사는 영
원히 지주회사의 품을 떠나지 않아도 된다. 대표적인 지주회사는 LG, SK, 두
산, 삼성물산, 코오롱 등등이 있다. 이들 지주회사를 바라보고 있노라면 과거
봉건 시대의 봉건영주가 생각난다. 각 기업들이 하나의 영지를 자신의 왕국
으로 만들어 그곳에서 잘 먹고 잘 사는 그런 사회구조 말이다.

예를 들면 LG는 엘지전자, 엘지화학, 엘지생활건강 등을 비롯해서 상장기
업 12개와 비상장기업 52개를 자회사로 거느리고 있다. 즉, LG는 LG왕국의
핵심적인 기업인 셈이다. 나머지 지주회사도 상황은 마찬가지다. 대주주 입
장에서는 지주회사 하나만 지키면 나머지 수많은 계열사를 모두 내 휘하에
거느릴 수 있다. 그래서 지주회사는 핵심 중의 핵심인 기업이다.

지주회사는 계층적 지배구조를 통한 위험 관리와 배당 및 자사주 소각 관
련 정책 기대감 등의 투자 매력이 있다. 특히 자산가치 대비 저평가 상태에
있고, 정부의 지배구조 개선 정책 수혜를 받을 수 있는 지주회사는 투자 매력
도가 높게 평가되고 있다.

지주회사는 자회사들의 실적에 큰 영향을 받는다. 자회사의 실적이 좋으면

주가가 올라가고 그렇지 않으면 주가는 부진해진다. 그러나 그보다 더 큰 매력은 배당 관련된 수익이 좋다는 것이다. 사실 지주회사의 주가는 좋을 때나 나쁠 때나 크게 움직이지 않는다. 그럼에도 배당과 관련해서는 늘 매력도 상위에 위치하고 있다.

현대중공업그룹의 지주회사인 HD현대는 조선주들이 각광을 받는 시기에 큰 폭의 상승을 보였다.

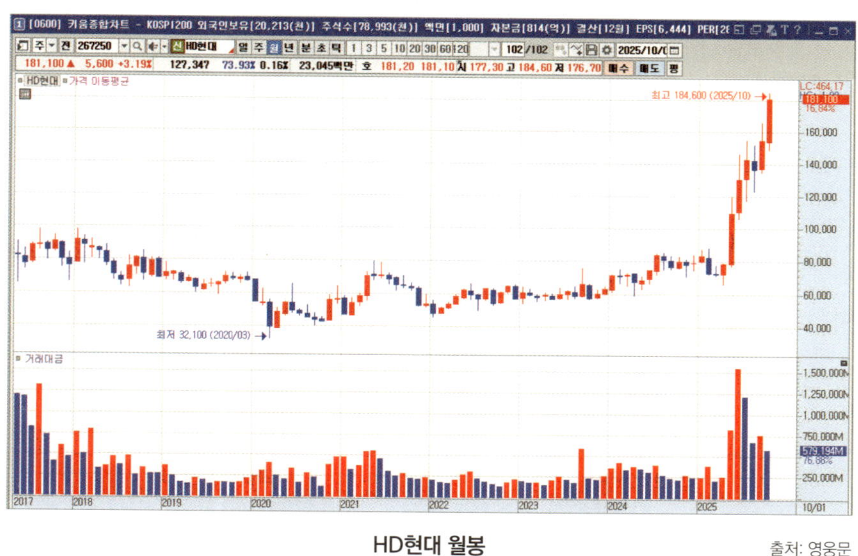

HD현대 월봉

출처: 영웅문

이에 반해 계열사들의 특별한 이슈가 없었던 LG그룹의 지주회사인 LG는 주가의 큰 폭 상승은 없었지만, 다음과 같이 비교적 안정적인 움직임을 보이고 있다.

LG 월봉

출처: 영웅문

여기서 주목해 볼 것은 이들 지주회사들의 배당 관련 지표들이다. 배당성향과 주당배당금 현황을 보면 다음과 같다.

주요 지주회사 배당 관련 지표 동향

	항목	2022년	2023년	2024년
HD현대	배당성향	23%	99%	50%
	주당배당금	4,600원	3,700원	3,600원
LG	배당성향	24%	38%	83%
	주당배당금	3,000원	3,100원	3,100원

지주회사는 그 자체로도 매력적인 투자 대상이 되는 것은 분명하다. 그러

나 여기 더 큰 매력을 실어줄 수 있는 조건은 다음과 같다.

(1) 비상장회사의 지분가치가 매력적일 것

지주회사에 소속된 자회사 중에서 의미 있게 비중을 차지하는 매력적인 비상장회사가 있다면 더욱 좋다. 대부분의 지분가치가 상장회사를 중심으로 계산되지만 매력적인 가치를 가진 비상장회사는 미래의 더 큰 지분가치를 증가시킬 수 있기 때문이다.

(2) 지주회사의 주가가 충격에 의해 말도 안 되게 싸질 때

비정상적인 충격이 시장에 전해져서 주가가 크게 떨어질 때 지주회사의 매력이 커진다. 물론 IMF 외환위기나 글로벌 전쟁위기 등의 충격이 없더라도 지주회사 자체가 관심의 대상에서 멀어지면서 주가가 저평가 되는 경우도 있다. 이런 때는 고민 없이 지주사주식을 매수해도 좋다.

반면 지주회사에 투자할 때 늘 살펴야 하는 것도 있다. 다음 세 가지는 그 뉴스를 반드시 챙겨야 한다.

(1) 자회사 성과

지주회사의 가치는 자회사의 실적과 시장 평가에 따라 크게 좌우된다. 따라서 투자하려는 지주회사의 주요 자회사들이 어떤 사업을 하고 있고, 성장성은 어떤지 파악해야 한다.

(2) 경영권 관련 이슈

경영권 승계, 지분 정리 등 경영권 이슈는 지주회사의 주가 변동성을 키울 수 있다. 특히 상속 등의 이슈가 생겨 자녀들이 상속세를 내야 하는 경우 배당이 급격히 늘어날 수도 있으므로 잘 챙겨야 한다.

(3) 정부 정책과 법규

정부의 지배구조 관련 정책이나 상법 개정 등은 지주사 주가에 큰 영향을 미치므로, 관련 동향을 지속적으로 파악해야 한다.

지주회사는 그들만의 왕국에서 핵심인 것은 물론이고 위험은 낮으면서 수익은 높아질 여지가 큰 기업들이다. 그래서 투자자들은 늘 이들 종목에 관심을 기울여야 한다.

9. 사업 구조조정에 성공한 기업

미운오리새끼가 화려한 백조가 되는 것을 주식시장에서는 '턴어라운드(Turn Around)'라고 한다. 그러나 모든 미운오리새끼가 백조가 되는 것은 아니다. 일단 백조가 되어 화려한 날개짓을 하면 주가도 그에 따라 하늘 높이 훨훨 멋지게 날아갈 수 있다. 그래서 많은 투자자가 턴어라운드하는 기업을 찾기 위해 많은 노력을 기울인다.

흔히 턴어라운드라고 하면 적자기업이 적자를 해소하고 흑자기업으로 바뀌는 모습을 상상한다. 그러나 적자가 누적되었던 기업이 극적으로 흑자전환해서 턴어라운드 하는 경우는 우리나라와 일본의 사례를 살펴보더라도 성공확률이 5% 정도에 지나지 않는 극히 힘든 작업이다.

그래서 우리는 턴어라운드에 대한 정의를 내림으로써 미운오리새끼가 백조가 되는 상황을 만들어 볼 수 있다. 턴어라운드를 다음과 같이 분류해 볼 수 있다.

(1) 잘나가는 기업이 한 단계 도약하는 과정

평소 영업이 잘돼서 실적이 꾸준히 발생하는 기업이라 하더라도 그 상태가 지속 가능성을 얻기는 어렵다. 그래서 지금 잘나가는 기업이 한 단계 점프업(Jump-Up)하는 과정을 거치는 것도 턴어라운드의 한 형태로 볼 수 있다. 이렇게 하기 위해서는 새로운 성장동력이 갖춰져야 한다.

(2) 안정적으로 성장 중인 회사가 성장률을 더 높이기 위한 실적 개선 과정

기업은 매출이 지속적으로 발생해야 계속 기업으로 살아남을 수 있다. 비록 지금은 안정적으로 매출이나 실적성장이 이어진다고 하나, 그 성장속도의 기울기를 높이기 위해 노력하는 과정도 턴어라운드의 한 형태로 볼 수 있다. 이를 위해서는 획기적으로 비용구조를 바꾼다든지, 그렇지 않으면 그 회사를 먹여 살릴 수 있는 스타제품이 나타나야 한다.

(3) 재무성과가 좋지 않아 퇴출위기에 놓인 기업을 살려내는 과정

턴어라운드의 가장 전형적인 형태로 재무성과가 좋지 않아 퇴출위기에 처한 기업이 구조조정을 통해 조직재편을 한다든지, 그렇지 않으면 필요 없는 자산을 매각함으로써 재무구조를 개선시킨다든지, 사업부나 계열회사를 매각해서 필요한 자금을 마련한 후 새로운 사업에 진출한다든지 하는 과정을 거치면서 실적개선을 이루는 것도 턴어라운드의 형태가 된다. 그러나 앞서 살펴본 바와 같이 이와 같은 턴어라운드의 사례는 국내외적으로 매우 드물게 나타나는 현상이다.

턴어라운드 종목의 사례를 살펴보면 쉽게 종목 선정의 아이디어를 얻을 수 있다. 먼저 재무성과가 좋지 않아 퇴출위기에 놓였던 기업이 극적으로 살아나는 과정에서 나타난 대표적인 사례기업은 해운업체인 HMM이다.

2008년 미국발 금융위기가 닥치기 전까지 약 6년간은 우리나라 조선과 해운업종에는 엄청난 호황이었다. 그 이유는 중국의 부상에 있었다. 중국이 경제적으로 기지개를 켜기 시작한 것이 2000년대 초부터였다. 이때는 자유무역이 꽃을 피우던 시대로, WTO(세계무역기구) 체제가 확립되면서 각국의 무역장벽이 크게 낮아졌다. 세계의 공장으로 부상한 중국은 WTO를 중심으로 자유로운 무역을 부르짖었다.

자유무역이 이루어지면 자연히 물동량이 늘어나게 되고, 늘어난 물동량을 실어 나르는 것은 육상운송, 해상운송, 항공운송 등의 수단이 있다. 그중 가장 많은 물량을 실어 나르는 수단은 해상운송이었다. 해상운송은 다시 원재료를 운반하는 벌크선과 완성품을 운반하는 컨테이너선으로 구분할 수 있다. 당시 우리나라 해운업체 중 한진해운과 현대상선은 엄청난 상승을 기록했다.

이런 호황에 제동이 걸린 것은 미국발 금융위기였다. 경제가 굴러가기 위해서는 돈이 잘 돌아야 한다. 그런데 누구도 예상치 못했던 '리먼 브라더스'와 '베어스턴즈'라는 굴지의 투자은행이 파산하는 일이 벌어졌다. 세상이 망해도 파산할 리 없다고 믿었던 투자은행들이 파산하자 은행들은 소위 '상대방 위험(Counterpart Risk)'을 피하고 싶었다.

즉, 은행들의 본업인 대출을 기피하게 된 것이다. 돈이 돌지 않고 말라가기 시작했다. 당연히 경제는 급격히 위축되었다. 경제가 위축되면 당연히 물동량이 줄어들고 운송업체들은 피가 마르는 시간을 견뎌야 했다. 배를 이용하는 운송업체들이 몸을 움츠리니 배를 만드는 조선회사들도 마찬가지로 위축되고 말았다.

2016년 해운업종과 조선업종에 칼바람이 불었다. 정부주도의 구조조정이 시작된 것이다. 그러나 정부주도의 대규모 지원에도 불구하고 자율협약이나 워크아웃을 신청한 26개 조선과 해운사 중 정상적으로 회생한 기업은 1곳에 불과했고, 2곳 중 1곳은 회생에 실패했다는 결과가 나왔다. 모두가 절망적인 시간을 보냈다.

이 과정에서 현대상선이 한진해운을 품으면서 만들어진 회사가 HMM이었다. 절망적이었던 시간을 보내던 HMM에게 희망의 빛이 보인 것은 2020

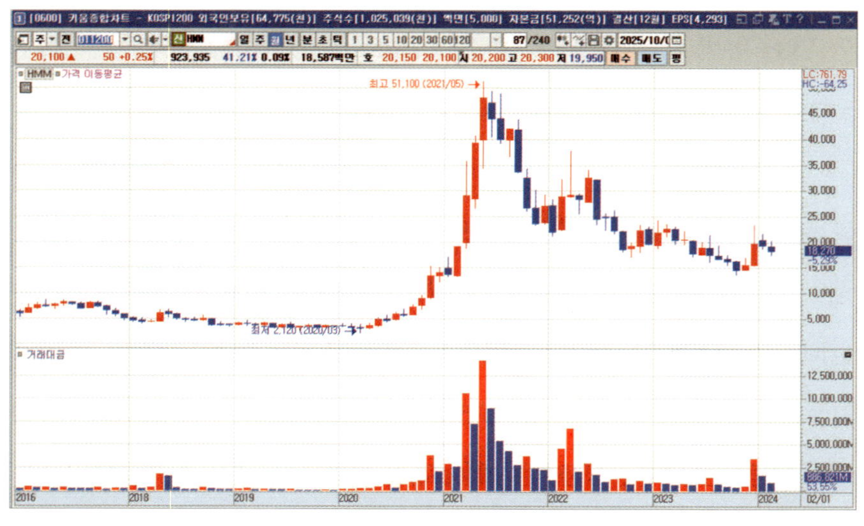

HMM 월봉

출처: 영웅문

년 코로나19 팬데믹 선언이었다. 다른 나라들은 사회적 거리두기를 통해 공급망이 망가지는 상황이었지만, 코로나19 확산을 성공적으로 통제했던 우리나라는 전 세계에서 유일하게 공급망이 제대로 작동하면서 우리나라 해운사들이 엄청난 호황을 맞이하게 되었다.

그 덕에 HMM은 코로나19 팬데믹을 거치면서 2,300%에 달하는 엄청난 주가 상승을 보였다. 극히 성공 확률이 희박하다던 사례가 나타났다. 코로나19라는 역병을 등에 업고 말이다. 그 주가 상승 과정은 앞쪽과 같다.

그럼 보다 합리적인 턴어라운드의 사례를 살펴보자. 대표적인 사례로 꼽을 수 있는 회사는 삼성전기로 볼 수 있다. IMF 외환위기 이후 우리나라는 국가부도라는 오명을 안고 회생에 많은 노력을 기울였다. 그중 가장 빠르게 회복한 재벌그룹은 역시 삼성그룹이었다. 당시 삼성그룹의 회장이었던 이건희 회장은 삼성그룹 계열사 CEO의 평가지표로 경제적부가가치(EVA)라는 지표를 꺼내들었다.

경제적부가가치는 쉽게 말하면 장사의 기본을 지키는지를 살펴보는 지표다. 사업을 하기 위해 자본을 조달했으면 영업이익을 통해 이자와 같은 자본조달의 대가를 갚고도 돈이 남는지를 살펴보는 지표로 제대로 된 기업경영을 하는지를 판단하는 기초적인 지표다. 대부분의 삼성그룹 계열사는 경제적부가가치를 제대로 돌려놓았다. 그러면서 삼성그룹 주가가 제일 먼저 상승하면서 시장을 주도했다.

그러나 삼성그룹의 주요 계열사 중 삼성전기는 좀처럼 경제적부가가치를 플러스(+)로 돌리지 못하면서 주가도 덩달아 지지부진한 모습을 이어갔다. 삼성전기가 턴어라운드에 지지부진했던 이유가 있다. 삼성전기는 전기재료업체로 다품종소량생산의 사업구조를 가지고 있던 회사였다. 많은 고객을 보유하고 있고 고객들이 원하는 제품이면 돈이 되든 되지 않든 무조건 만들어 납품하는 사업구조였다.

이런 사업은 비용절감이 이루어지는 '규모의 경제'가 발생되지 않는다. 따라서 수익성이 좋아질 수 없는 구조였다. 이런 이유로 삼성그룹의 주요계열사 중 IMF 외환위기 이후 주가회복이 가장 늦은 회사였다. 그러던 중 회사의 사업구조를 조정하기로 결단하고, 3대 기술 8대 제품을 중심으로 제품라인 슬림화를 시도했다.

그 이후 본격적으로 규모의 경제가 발생하고 실적도 극적으로 호전되면서 주가 상승이 나타났다. 2006년 사업 구조조정 이후 주가가 극적으로 상승하

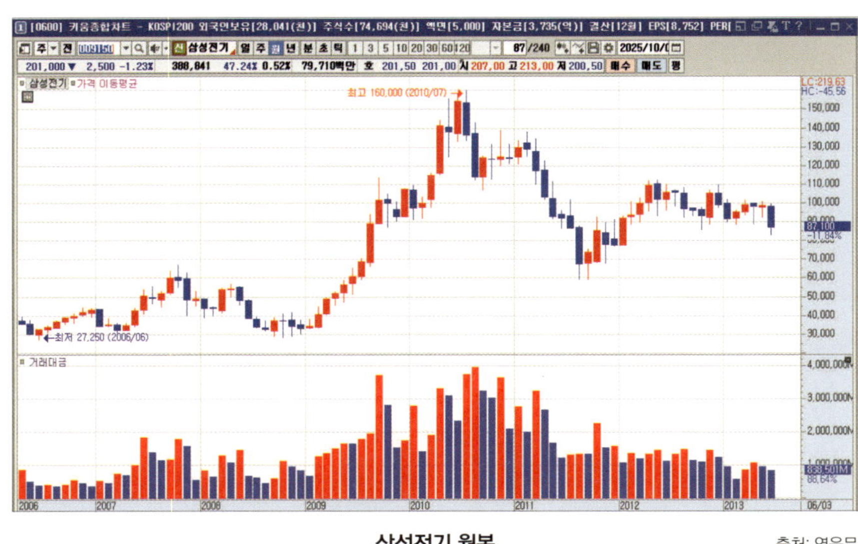

삼성전기 월봉

출처: 영웅문

는 모습은 앞과 같다.

앞의 사례에서 살펴본 턴어라운드 종목 중 사업 구조조정을 통해서 정상화되는 기업도 있지만, 제품 포트폴리오 개선을 통해 새로운 성장동력을 장착하면서 환골탈태하는 기업도 있다. 처음에는 그렇고 그런 기술을 가진 기업이었는데, 새롭게 개발한 사업에서 큰 수익이 나는 기업도 있다.

이런 턴어라운드 기업을 찾아내는 것은 사업에 대한 어느 정도의 지식을 가지고 있어야 하며, 또한 특정 기업에 대한 관심도 있어야 한다. 이런 노력들이 빛을 발하면 10배, 20배의 수익을 낼 수 있다는 것은 사례를 통해서도 확인된다. 달콤한 과실을 맛보기 위해서는 그만큼의 노력이 있어야 한다.

10. 멋진 스토리를 만들 수 있는 기업

주식은 사람들에게 멋진 스토리를 만들어 줄 수 있는 종목이라야 시장의 관심을 받게 된다. 그 스토리는 미래의 꿈이 될 수도 있고, 한류와 같이 글로벌 유행을 선도하는 것이 될 수도 있다. 이렇게 스토리 형성이 가능한 종목은 언제든지 사람들의 관심을 끌면서 테마주식으로 엮일 가능성이 커진다. 그래야 주가 상승이 나타날 수 있다.

예들 들어 영화 〈기생충〉과 넷플릭스 시리즈 중 〈오징어게임〉 등 한류가 유행하는 과정에서 외국 사람들은 한국의 문화와 음식에 많은 관심을 갖기 시작했다. 그중 불닭볶음면을 먹는 것은 음식 챌린지 중 한 종목이 되었다. 한국에 여행을 오면 산낙지, 육회 등을 먹는 도전을 하지만, 해외에서는 유튜브 등을 통해 매운맛챌린지의 일환으로 매운 불닭볶음면이 선택된 것이다.

이 상품은 삼양식품이 만든다. 사실 우리나라 라면의 원조는 삼양식품의 소고기라면이었다. 그러나 우지파동과 농심이 들고 나온 팜유가 사람들의 관심을 끌면서 라면 시장의 판도는 삼양라면에서 농심으로 넘어갔다. 그 후 오랜 시간 농심의 신라면과 안성탕면 등이 라면 시장을 주도했다. 그러던 중 불닭볶음면이 히트를 치면서 삼양식품의 시대가 다시 도래한 것이다. 삼양식품 주가의 극적인 움직임은 다음과 같다.

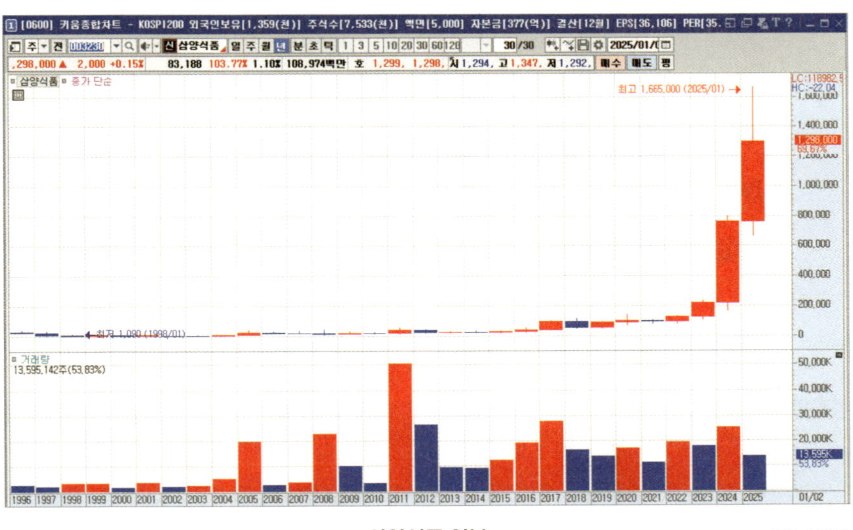

삼양식품 연봉

출처: 영웅문

삼양식품의 주가는 IMF 외환위기 때인 1998년 1월에 1,090원이었던 것이 약 30년이 지난 2025년 1월 1,665,000원까지 상승하면서 1,600배의 상승을 기록했다. 본격적으로 상승을 시작한 2022년 100,000원대에서 시작했다고 하더라도 불과 3년 만에 16배의 상승을 이루어낸 것이다. 한류 그리고 음식이라는 스토리가 먹혀들어갔다.

이런 열풍은 2025년 최고의 넷플릭스 상품인 〈케이팝 데몬 헌터스〉의 인기에 힘입어 농심의 신라면이 글로벌 인기를 얻으면서 주가 상승을 이루어내기도 했다.

주식은 인기를 먹고 상승을 한다. 그래서 주식시장에서 뭔가 멋진 스토리가 만들어질 수 있는 종목을 선택하는 것이 중요하다. 2026년 우리 주식시장은 큰 상승을 이루어냈다. 주식시장 상승 초기에 먼저 인공지능(AI)와 관련해서 반도체주식이 크게 상승했다.

챗GPT를 비롯한 인공지능이 우리 삶 속에 깊숙이 들어오면서 우리나라가 강점을 가지고 있는 메모리 반도체 중 HBM반도체가 잘 팔리면서 SK하이닉스가 불같은 상승을 이루어 낸 것은 모두가 아는 사실이다. 삼성전자도 제대로 개발하지 못했던 HBM반도체 시장을 선점한 SK하이닉스의 주가 상승은

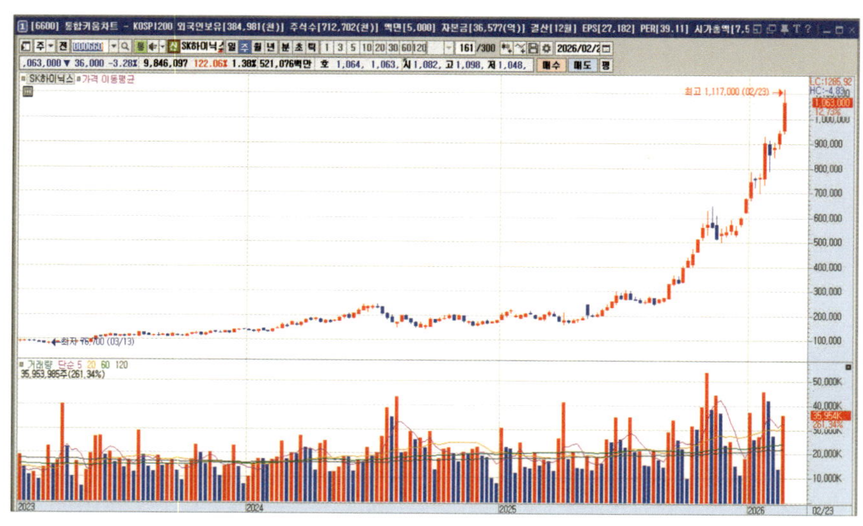

SK하이닉스 주봉

출처: 영웅문

앞과 같다.

그럼 앞으로 어떤 멋진 스토리를 예상할 수 있을까? 정부가 주도하는 정책으로 본다면 '북극항로'와 관련된 스토리가 있다. 북극항로가 중요한 것은 지구온난화로 인해 북극의 빙하지대가 녹으면서 과거에는 배로 운항이 불가능했던 지역으로 화물선 등이 다닐 수 있는 환경이 만들어지는 것이다. 북극항로가 열리게 되면 배를 이용해서 운송하는 기간이 획기적으로 단축되어 많은 배가 이 항로를 이용하게 될 가능성이 매우 크다.

우리에게는 단순히 북극항로가 열리는 것도 중요하지만, 지리적인 이점으로 볼 때 우리나라 부산, 울산, 거제 등 동남해안 벨트가 물류의 허브가 될 가능성이 커졌다. 그래서 정부에서는 해양수산부를 부산으로 이전하는 등 정책적 준비를 하고 있다.

모든 스토리가 현실화되는 것은 아니다. 그러나 스토리가 있다는 것 자체로 주가는 움직일 수 있다. 북극항로 스토리의 수혜를 받는 업종은 해운업종이 가장 클 것이다. 그러나 해운업종과 쌍둥이처럼 따라 다니는 업종은 조선업종이다.

특히 조선업종의 경우 미국의 조선업 지원을 포함해서 많은 호재가 있다. 소위 MASGA(Make America Shipbuilding Great Again)라는 슬로건을 내걸면서 미국진출에 박차를 가하고 있다.

그리고 그 다음으로 생각해 볼 수 있는 스토리는 역시 Wellness(건강)와 관련된 부분에서 나타날 가능성이 매우 크다. 의료기술의 획기적인 발전을 바탕으로 사람들의 기대수명이 늘어나면서 사회적인 관심은 건강에 초점이 맞쳐지고 있다. 여기에는 신약 개발은 물론이고 건강보조식품까지 가세하게 되면 매우 다양한 스토리가 나올 수 있다.

인간이 정복하고 싶은 질병인 암과 관련된 항암제 스토리, 수술실을 비롯해서 진단에 사용되는 의료용 로봇 관련주, 줄기세포를 이용한 치료제 내지는 미용제품 등이 후보가 될 수 있다.

기억해야 하는 것은 모든 종목이 스토리를 갖는 것은 아니다. 그렇고 그런 주식들은 스토리가 엮이지 않는다. 극적으로 실적이 좋아지거나, 그렇지 않으면 관심을 집중적으로 받을 수 있는 종목을 중심으로 스토리가 형성된다.

그 스토리는 건전한 스토리일 수도 있지만 소위 죄악주로 분류되는 담배, 도박과 관련된 종목이 될 수도 있다. 우리가 담배를 피우는 것도 아니고, 도박을 하는 것도 아니다. 우리는 그런 사업을 하는 회사를 통해 수익을 내는 것이기 때문에 죄책감을 갖는 순진함을 가질 필요는 없다.

코로나19 팬데믹 당시 국내에서 가장 큰 인기를 끌었던 종목은 씨젠이었다. 분자진단업체로 혈액을 한 번 뽑으면 여러 가지 질병을 검사할 수 있는 다중분자진단업체였다. 기술력은 세계 최고 수준이었지만 그동안 눈에 띄는 실적을 거두지 못했었는데, 코로나19 팬데믹이라는 불행한 사건 속에서 엄청난 주가 상승을 보였다. 단기간에 10배 이상의 주가 상승이 있었다. 해외에서는 코로나19 백신을 만드는 모더나라는 기업이 큰 수익을 거두면서 엄청난 주가 상승을 이루어냈다.

스토리는 모두에게 행복을 주는 스토리일 수도 있고, 불행 중에 형성되는 스토리일 수도 있으며, 죄악주로 분류되는 종목에서 형성되는 스토리일 수도 있다. 이렇게 말하는 이유는 모든 분야에서 나타날 수 있는 스토리에 관심을 가지라는 뜻이다.

스토리를 만들고 스토리를 실현할 수 있는 종목을 고르는 것도 성공투자를 위해 반드시 필요한 조건이 된다. 이를 위해서는 인문학적인 소양이 어느 정도 있는 것이 좋다. 시간 날 때 서점에서 머리를 식힐 수 있는 책을 읽으면서 상상의 나래를 펼쳐 스토리를 스스로 만들어 보자. 그리고 그 스토리가 시장에서 통하게 될 때 큰 수익은 덤으로 생기게 될 것이다.

제4장

이렇게 투자해 봅시다

주식투자로 수익을 내는 것은 쉬운 것이 아니다. 그래서 여러 상황이 모두 갖추어질 때 비로소 수익을 얻을 수 있게 된다. 예를 들어 정말 좋은 주식을 샀다고 해보자. 그럼 다시 질문하게 된다. 어떤 주식이 좋은 주식이냐고.

기업가치가 좋은 주식이 좋은 주식인가? 아니면 매출과 이익을 늘어나고 있는 주식이 좋은 주식인가? 회사가 보유한 자산가치가 우수한 기업이 좋은 주식인가? 이와 같은 질문이 있을 수 있다. 그러나 "구슬이 서 말이라도 꿰어야 보배"라는 말이 있듯이 아무리 좋은 주식을 가지고 있더라도 그 주식을 통해서 수익을 내지 못하면 좋은 주식이라고 할 수 없다.

즉, 좋은 주식을 고르는 것도 중요하지만 그 주식을 어떻게 투자하느냐에 따라서 수익을 올릴 수도 있고 손실을 볼 수도 있다. 삼성전자를 사서 손해를 봤다면 그 투자자 입장에서 삼성전자를 좋은 주식이라 할 수 없듯이 말이다. 어떻게 하면 수익을 낼 투자를 할 수 있는지는 늘 고민스러운 명제이다. 너무 많은 투자 원칙은 투자자들을 혼란스럽게 한다.

그래서 몇 가지 명쾌한 방법을 제시한다. 의심하지 말고 한 번씩만 실천해 보시라. 그러면 투자자들의 계좌가 새로운 모습으로 탈바꿈하게 될 것이다.

1. 수익을 크게 내는 방법: 무릎에 사서 어깨에 판다는 말의 진의

주식투자의 기본은 '수익은 크게 손실은 짧게'라는 말을 기억해야 한다. 그렇다면 실제로는 어떻게 매매해야 수익은 크게 하고 손실은 짧게 가져갈 수 있는지를 알아본다.

본론에 들어가기 전에 투자자들에게 질문을 하나 하고 싶다. 다음 질문에 대해 여러분들은 어떤 답을 할 것인가?

① **주식은 내릴 때 사고 오를 때 판다**(오팔내사).
② **주식은 오를 때 사고 내릴 때 판다**(오사내팔).

스스로 한번 생각해 보시라. 그리고 마음속으로 답을 해보시라. 주식투자에 정답은 없다. 그러나 이 질문은 지금부터 풀어가려고 하는 매매법에 관한 매우 중요한 단서가 된다.

먼저 오팔내사를 선택한 사람들은 주식은 충분히 내렸을 때 매수하고, 상승했을 때 매도하는 것을 상상했을 것이다. 그러나 충분히 내렸다는 것은 바닥에 다가왔다는 생각이었을 텐데, 그 지점이 바닥이라고 누가 확인해 줄 수 있느냐는 것이다. 혹시 바닥 밑에 지하 1층, 지하 2층도 있는지는 모를 일이다.

이 말은 누구도 주식의 바닥을 알지 못한다는 것이다. 조금 더 비판적으로 얘기하면 주가가 떨어지는 이유를 본인만 모를 가능성도 있다. 그래서 오팔내사와 같은 전략을 전문영역에서는 '역투자 전략'이라 한다.

두 번째 오사내팔은 역투자 전략에 대응해서 '순투자 전략'이라 한다. 이는 수없이 많은 주식투자 격언 중 많은 사람이 알고 있는 "주식은 무릎에 사고 어깨에 판다"라는 말을 생각해 보면 알 수 있다.

그림에서 보는 바와 같이 주가가 오르는 방향에서 무릎일 때 주식을 사고, 주가가 떨어지는 방향에서 어깨일 때 주식을 팔라는 뜻이다. 이와 같은 의미의 격언으로는 "생선 머리와 꼬리는 남에게 줘라"라는 말도 있다. 즉, 모두 다 먹을 생각을 하지 말라는 뜻도 들어 있다.

그러나 무릎에 사고 어깨에 팔라는 격언의 의미를 보다 자세히 곱씹어 볼 필요가 있다. 이 격언에는 숨겨진 함의가 있는데 바로 사람을 남자라고 했을 때 머리 위에 달려 있는 상투를 확인하라는 것이다. 상투는 주식시장에서는 주가의 최상단을 말한다. 즉, 주가의 상투를 확인하고 내려올 때 매도를 해야 큰 수익을 낼 수 있다는 것이다.

그럼 무릎에 사고 어깨에 판다는 격언을 실전 매매에 적용해 보자. 먼저 사는 것이 중요하다. 문제는 내가 산 가격이 무릎에서 샀는지, 허리에서 샀는지, 아니면 왼쪽 어깨에서 샀는지 그렇지 않으면 상투 근처에서 샀는지 알 수 없다.

그래서 만약 잘못 샀을 경우 서둘러 해결하는 방법은 손실을 짧게 가져가기 위해 손절매도(Loss Cut)를 하는 것이다. 그러나 손절매가 얼마나 어려운지는 앞에서 충분히 설명했다. 하지만, 큰 수익을 내기 위해서는 그 어려운 일도 제대로 과감하게 해내야 하는 것이다.

10% 손절매도 원칙을 세웠다면 그대로 행하면 된다. 내가 산 다음 10% 떨어지면 무조건 손절을 하는 것이다. 손절 원칙이 지켜졌다면 그 다음에는 수익을 내는 방법을 생각해 보는 것이다. 다음 표를 통해서 실제 사례를 설명해 보자.

위에 제시한 실현수익률은 이론적으로 정해진 것이 아니라 예를 들어 설명

수익률 확보와 마음속 다짐 사례

주가 상승률	실제 실현수익률	마음속 다짐
10% 상승	0%	10%는 안 먹는다.
20% 상승	10% 실현	10%만 먹는다.
50% 상승	40% 실현	40%만 먹는다.
100% 상승	80% 실현	80%만 먹는다.
200% 상승	160% 실현	150%만 먹는다.
300% 상승	250% 실현	250%만 먹는다.
500% 상승	400% 실현	4배만 먹는다.
1,000% 상승	800% 실현	8배만 먹는다.

한 것이라고 생각해야 한다. 실현수익률 수준은 각자가 자신에게 맞게 결정해도 무방하다.

예를 들어 주가가 10% 상승하게 되면 많은 투자자의 머릿속이 복잡해진다. '이것도 챙기지 못하면 어떻게 하나' 하면서 허둥대게 된다. 그러면서 아쉬운 마음에 냉큼 주식을 팔아버리는 경우가 허다하다. 그러나 그렇게 해서는 큰 수익을 낼 수 없다. 세상 어떤 유능한 펀드매니저도 매번 10%씩 지속적으로 수익을 내는 경우는 극히 드물다. 그래서 큰 수익을 내기 위해서는 보다 느긋하게 대응해야 한다.

그래서 10% 상승하면 그 정도의 수익은 먹지 않는다. 나는 본전으로 내려오면 판다고 생각한다. 만약 20%가 상승하면 나는 10%만 먹는다고 생각한다. 50%가 상승하면 나는 40%만 먹는다고 생각한다. 또한 100% 상승하면

융통성을 발휘해서 80%만 먹는다고 생각하고, 표에 있는 바와 같이 10배 즉, 1,000%가 상승하면 나는 8배만 먹는다고 생각하면서 매도에 나서면 된다. 이렇게 되면 큰 수익을 낼 수 있게 된다.

실제로 1980년대 이후 우리나라 주식시장에서 10배 이상 주가가 상승한 사례는 차고 넘친다. 주가가 그렇게 크게 상승하더라도 많은 사람들은 겨우 10%나 20% 정도 수익을 보고 매도하는 것을 흔히 볼 수 있다. 이건 발바닥에서 사서 무릎이 아니라 복숭아뼈 정도에서 팔고 나오는 격이 된다. 그런 식의 매매로는 손실은 짧게, 수익은 크게라는 원칙이 결코 지켜질 수 없다.

주식을 매수해서 수익을 낼 때 첫째, 반드시 상투를 확인한다는 것과 둘째, 머리와 꼬리는 남들에게 던져준다는 것을 마음속에 새겨야 한다. 사실 이 두 격언은 같은 의미로 볼 수 있다.

그러나 많은 사람들이 10배가 올랐을 때 8배만 먹고 팔지 못하는 상황도 흔히 발생한다. 사람들의 기준점이 바뀌었기 때문이다. 즉, 내 본전에서 8배가 상승한 것이 아니라 10배로 오른 가격이 내 본전이 되어서, 8배가 되면 오히려 내 본전에서 20%나 하락한 것이라는 착시 현상에 빠진 결과이다. 그래서 10배 오른 상태에서 8배만 먹는 것은 마치 손해 보고 판다는 느낌을 갖게 해서 매도를 쉽게 하지 못하게 만드는 심리적 오류를 발생시킨다.

어쩌면 주식투자는 경제이해력을 기반으로 하는 것 같지만 결국은 멘탈이 얼마나 강건한가 하는 멘탈게임의 형태를 보이는 경우가 많다. 흔들리지 않는 정신력을 가지고 있어야 주식투자에 성공할 수 있다. 아무리 경제에 해박한 학자라고 하더라도 유리알과 같이 약한 멘탈을 가지고 있다면 손실을 볼 수밖에 없다.

일반화의 오류가 있을 수 있지만 실제로 대학교수들 중 경상계열에 있는 교수들이 생각보다 주식투자에서 성공을 거두는 비율이 낮게 나타난다. 적어도 내가 아는 경상계열의 교수들의 주식투자 수익률이 그렇다는 얘기다.

생각해 보면 주식투자 격언 중에는 주옥같은 말이 많다. 예를 들면 "남들이 가지 않는 뒤안길에 꽃길이 있다"라는 격언이 있다. 이는 군집행동에 휩싸여서는 결코 수익을 낼 수 없고, 남들이 보지 않는 숨은 진주와 같은 주식에 투자해야 큰 수익을 낼 수 있다는 말이다.

예를 들어 주식시장에서 한번 테마가 형성되면 사람들의 관심이 온통 그 테마에 쏠리게 된다. 테마가 형성되었다는 것은 이미 상당 부분 주가가 올랐다는 말이 되고, 올라가는 주식을 매수하게 되면 이내 상승이 멈추든지 그렇지 않으면 하락세로 돌아서는 경우가 많다. 그래서 남들이 가는 길을 따라가면 꽃이 모두 발에 짓밟혀 꽃을 보기 힘들다. 그래서 정말 아름다운 꽃을 보려면 남들이 가지 않는 길을 가야 온전한 꽃을 볼 수 있는 법이다.

주식투자는 외로운 나 자신과의 싸움이다. 심리적으로 흔들리지 않고, 또 내가 세운 원칙을 흔들림 없이 지켜나갈 때 비로소 성공 가능성이 커진다.

다시 한번 강조하면, 주식투자의 기본인 "손실은 짧게, 수익은 크게", "시세의 머리와 꼬리는 탐내지 말고 남들에게 던져줄 수 있을 때"를 실천해야 내게 큰 수익이 돌아온다.

2. 인류가 생각해 낸 최고의 투자법: 적립식 투자

2000년대 초 우리 주식시장에는 적립식 투자 열풍이 불어왔다. 미래에셋을 비롯한 자산운용사와 은행들이 합작으로 영업하면서 주식시장에 몰려든 돈이 적립식펀드로 쏠리는 현상이 나타났다. 이에 힘입어 주식시장도 2003년부터 2007년까지 500포인트 저점으로부터 2,000포인트를 넘어서는 매우 강한 시장이 펼쳐졌다. 돈의 힘이었다.

그러나 2007년 하반기 미국발 금융위기가 터지면서 주식시장은 일시에 얼어붙고 말았다. 적립식펀드에 투자했던 자금들도 큰 손해를 보고 불붙었던 열기도 싸늘하게 식어갔다.

투자자들이 오해하기도 하지만, 세상 어디에도 적립식펀드라는 상품은 존재하지 않는다. 다만 투자를 적립식으로 하는 것이다. 그 대상이 펀드면 적립식펀드가 되든 것이고 그 대상이 주식이면 주식을 적립식으로 투자하는 것이고, 만약 그 대상이 채권이면 채권을 적립식으로 투자하는 것이다.

주식을 적립식으로 투자하는 적립식 투자는 매월 같은 날에 같은 금액을 한 주식에 투자하는 것을 말한다. 그러면 주가가 움직이는 것에 따라 살 수 있는 주식수가 달라지게 된다. 주가가 높게 올라가면 살 수 있는 주식수가 줄어들 것이고, 주가가 낮게 내려가게 되면 같은 금액으로 살 수 있는 주식수가 늘어나게 된다. 따라서 적립식으로 투자를 계속하게 되면 매수단가가 평균화된다. 그래서 적립식 투자를 'dollar cost average(평균매입단가)' 투자라고 한다.

적립식 투자에 대한 또 하나의 오해는 '주가가 떨어질 때 이 투자법의 효과가 더 커진다'는 생각이다. 실제로 주가가 하락할 때 매입 수량을 늘리면 평균단가는 낮아져 유리해지는 것이 분명하다. 하지만 현실에서는 주가가 하락하면 매월 투자하던 금액을 줄이거나 중단해 버리는 투자자가 많다. 따라서 적립식 투자로 재미를 보지 못하는 것이다.

적립식 투자로 효과를 보려면 전제 조건이 있다. 적립식 투자는 장기간에 걸쳐 행하게 되므로, 회사가 부도나거나 부실화될 가능성이 큰 종목은 피해야 한다. 이런 관점에서 공기업인 한국전력을 이용해서 매월 100만 원씩 투자한다고 해보자. 사례는 한국전력에 대해 2022년 1월부터 2025년 6월까지 매월말일에 투자했다고 했을 때의 성과이다. 먼저 해당 기간 동안 한국전력의 주가 동향은 다음과 같았다.

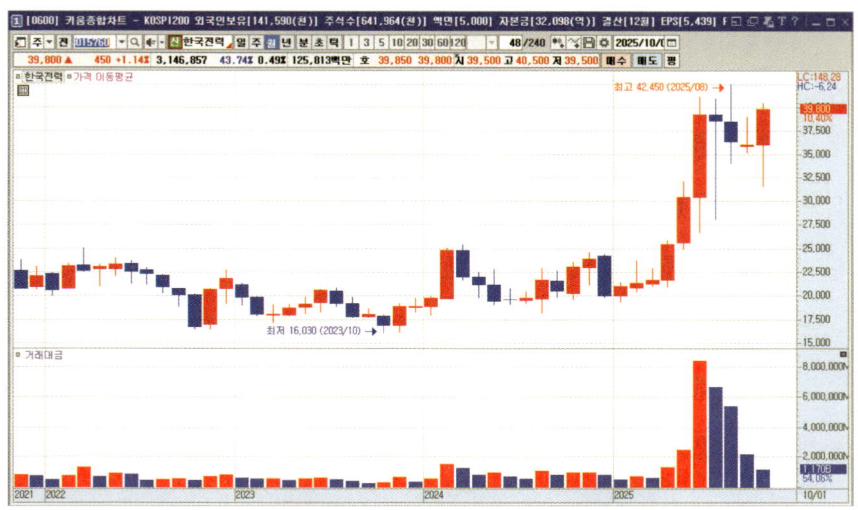

한국전력 월봉

출처: 영웅문

적립식 투자를 한 결과는 다음과 같았다. 평균단가와 주가 그리고 주가수익률에 주목해서 볼 필요가 있다.

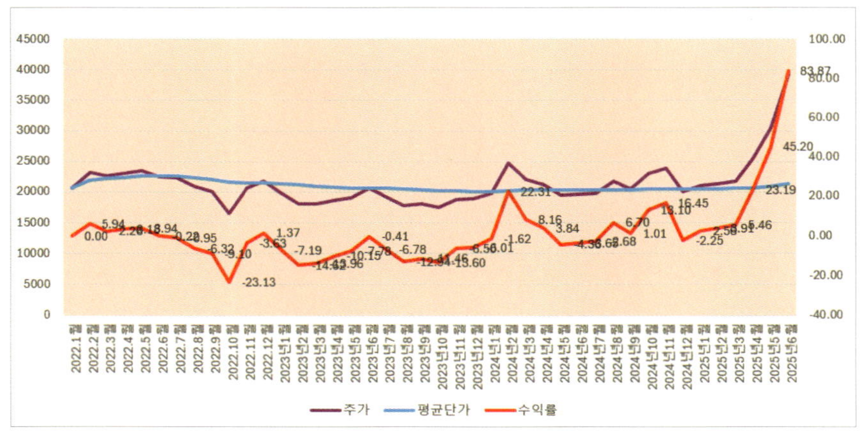

한국전력 적립식 투자성과

적립식 투자를 했을 때 주가가 횡보하는 국면에서는 평균매매단가가 주가 움직임과 비슷하게 움직인다. 그러나 주가가 하락하는 시기를 지나고 나면 평균매매단가가 대체로 주가 밑에서 움직이게 된다. 그리고 주가가 급등하는 경우에도 평균단가는 천천히 움직이면서 수익률이 급격히 커지는 효과를 발휘하게 된다.

흔히 1억 원을 한몫에 투자하는 방법을 거치식 투자라고 하고, 매월 같은 금액을 투자하는 것을 적립식이라 하는데 위 결과를 보면서 사람들은 거치식 투자가 더 큰 수익을 주는 것이 아닌가라는 생각을 하는 경우가 있다. 그러나 그런 시각은 주가의 결과를 보고 판단하는 것으로 투자의 세계에서는 합당하지 않는 생각이다.

투자는 미래를 보고 한다. 그래서 항상 불확실한 상황 속에서 투자를 하게 된다. 누구도 결과를 쉽게 예측할 수 없다는 측면에서 투자의 매력이 있는 것이다. 그래서 투자를 할 때는 위험을 분산시키면서 투자를 하는 것이다.

흔히 위험을 분산시킨다고 하면 포트폴리오 투자를 생각한다. 보통 포트폴리오 투자란 여러 종목에 분산해서 투자하는 것으로 알고 있다. 그러나 포트폴리오를 그렇게만 생각한다면 하나는 알고 둘을 모르는 형국이 된다. 모르는 것이 잘못은 아니지만, 자신이 모른다는 것을 인식하지 못하고 고집을 부리는 것은 유연한 판단을 해야 하는 투자의 세계에서는 합당하지 않은 행동이다.

2022년 1월 말의 한국전력과 2022년 2월 말의 한국전력은 과연 같은 회사인가라는 질문에 독자들은 어떻게 답을 할까? 그때나 지금이나 한국전력이기 때문에 그 둘은 모두 같다고 생각할 수도 있다. 그러나 기업의 가치를 사고파는 투자의 세계에서는 2022년 1월말의 한국전력과 2월말의 한국전력은 엄연히 다른 종목이다. 왜냐하면 기업의 가치가 달라졌기 때문이다.

흔히 알고 있는 분산투자는 한 시점에서 몇 개의 종목을 보유하고 있느냐로 판단한다. 그러나 시점을 달리하는 포트폴리오 즉, 시점 간 포트폴리오는 매월 다른 종목을 사는 것과 같은 효과를 가져온다. 그런 포트폴리오를 조금 어려운 말로 'Inter-temporal portfolio(시점 간 포트폴리오)'라고 하고 이런 내용은 대학원생 정도가 되어야 배우는 내용이다.

적립식 투자는 시점을 달리하면서 위험을 분산하는 투자법이다. 그래서 장기적으로 투자해야 적립식 투자의 효과가 크게 나타난다. 장기적이란 적어도 3년 내지는 5년 정도의 기간을 말한다. 그 기간 안에 부도나 재무적인 곤경을 겪지 않을 종목에 투자해야 한다. 만약 그런 것이 어렵다고 생각하는 사람은 펀드나 ETF에 투자하면 보다 안전하게 높은 수익을 노릴 수 있는 투자법이 된다.

개인적으로 절대 실패하지 않는 투자법이란 존재하지 않는다고 본다. 그러나 비교적 확률이 높은 투자법은 있다고 보는데, 그중 가장 높은 확률로 수익을 낼 수 있는 투자법을 꼽으라고 한다면 적립식 투자를 꼽는다.

주식시장에는 투자를 정말 귀신같이 잘하는 사람들도 있다. 그런 사람들은 100만 명 중 하나 정도의 꼴로 있다. 내가 그런 사람이 될 수 있다면 자신만의 투자법을 개발해서 돈을 벌면 된다. 그러나 많은 경우 우리는 평범한 투자자일 뿐이다. 평범한 투자자들이 주식투자에서 돈을 벌 수 있는 방법은 가급적 위험은 줄이면서 합리적인 수익을 올리는 것이다. 그런 방법을 찾는다면 적립식으로 투자를 하라고 권한다.

적립식 투자에 대해 다시 한번 강조하고 싶은 내용은 주식시장이 좋지 않을 때 즉, 주가가 떨어지는 국면에서 적립식 투자의 효과가 커진다는 점이다. 주식시장이 좋을 때 돈을 넣고, 주식시장이 나쁠 때 돈을 넣지 않는 상태가 된다면 적립식 투자를 할 의미가 없다. 그래서 원칙은 주식시장이 좋든 좋지 않든 간에 무조건 정해진 날짜에 정해진 금액으로 한 종목을 꾸준히 사는 것이다. 그 방법이 인류가 고안해 낸 최고의 투자법 적립식 투자이다.

3. 종목에 자신 없는 사람들의 최고 종목 ETF

1) ETF 투자가 유리한 점

주식투자는 좋은 종목을 잡아 적절한 타이밍에 매매할 때 수익을 얻을 수 있는 게임이다. 그런데 종목을 잘 잡는 것이 그렇게 쉬운 일은 아니다. 믿었던 종목이 갑자기 부도가 나기도 하고, 대주주나 CEO가 횡령을 하는 등 낭패를 보는 경우도 있다. 또 경제에 대한 전망이 틀려서 실적이 급격히 나빠져 주가가 급락하는 경우도 마주할 수 있다. 그만큼 종목에 투자하는 것은 항상 큰 위험을 부담하는 일이 된다.

그런데 만약 시장 전체에 투자한다면 어떻게 될까? 시장 전체에 투자한다는 것은 주가지수에 투자하는 것을 의미한다. 주가지수는 시장을 가장 잘 나타내는 지표이기 때문이다. 예를 들어 우리나라 주식시장에 투자한다고 하면 코스피200지수에 투자하면 된다. 또 미국에 투자한다면 다우지수에 투자하면 되는 그런 식이다.

'종목은 망할 수 있지만 시장은 망하지 않는다'고 말하면 쉽게 이해할 수 있을까? 예를 들어 다우지수의 경우 1896년 철도 12개 종목을 편입한 것을 시작으로 해서 1928년 30개 기업체제가 확립되었고, 2025년 6월까지 모두 51차례에 걸쳐 30개 구성종목이 변경되어 왔다. 2008년 이후 지수편입종목이 변경된 5번의 사례를 통해 편입종목과 편출종목을 살펴보면 다음과 같다.

다우지수 편입 종목 편출입 현황

연도	편입종목	편출종목
2008년	셰브론, BOA, 크래프트	AIG, 알트리아, 허니웰
2009년	트래블러스, 캐터필러	GM, 씨티은행
2013년	골드만삭스, 비자, 나이키	엘코어, BOA, HP
2015년	애플	AT&T
2018년	월그린	GE
2024년	엔비디아	인텔

다우지수는 초기에는 철도, 에너지, 철강 등 전통산업이 주를 이루었으나, 점차 제조, 기술, 의료, 금융 등으로 변화하며 현대 경제 흐름을 반영해 왔다. 최근에는 IT 기술의 발전과 함께 기술 기업이 포함되고, 기존의 정유화학 기업이 제외되는 등 기술과 혁신을 중심으로 한 변화가 이루어지고 있다. 즉, 종목들은 새롭게 편입되기도 하고 편출되기도 하지만 지수 움직임은 꼿꼿하게 움직인다는 것이다.

2018년 지수에서 빠진 GE(제너럴 일렉트릭)은 발명왕 에디슨의 회사였다. 그리고 1980년대 1990년대 미국을 대표하는 기업이기도 했다. 그러나 시간이 지나고 경제구조가 바뀌면서 GE는 어쩔 수 없이 2024년 회사를 해체하고 GE에어로스페이스, GE헬스케어, GE 버노바 등 3개 회사로 분사했다.

또한 컴퓨터를 사면 꼭 붙어 있는 스티커는 'Intel Inside'이다. 컴퓨터 CPU의 핵심 인텔도 2024년 다우지수에서 편출되었다. 인텔의 주가 동향을 살펴보면 다음과 같다.

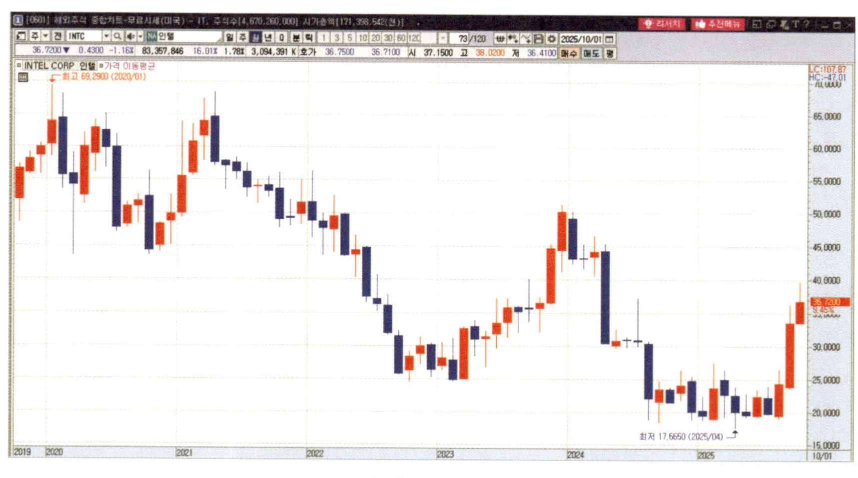

인텔 월봉 동향

출처: 영웅문

같은 기간 다우지수의 움직임을 살펴보면 종목의 운명과는 달리 시장의 움직임은 변함없이 전진한다는 것을 알 수 있다.

다우지수 월봉 동향

출처: 영웅문

위 내용에서 명확하게 확인할 수 있는 것은 종목은 좋아질 수도 있고 나빠질 수도 있지만, 종목이 나빠졌을 때 지수는 그렇지 않다는 것을 확인할 수 있다.

시장 전체를 사는 전략이 바로 ETF 전략이다. ETF는 Exchange Traded Fund(상장지수펀드)를 의미한다. 시장 전체를 반영하는 펀드인데 주식처럼 거래할 수 있는 상품이다.

ETF가 일반 펀드와 다른 점을 구분해 보면 다음과 같다.

첫째, ETF는 특정지수의 움직임을 추종해 수익을 낸다는 점에선 뮤추얼펀드의 한 종류인 인덱스펀드와 동일하다. 하지만 인덱스펀드가 만기일 이전에 해지할 경우 수익의 일정 부분에 해당하는 환매 수수료를 지불해야 하는 것과 달리 ETF는 거래소에 상장돼 있기 때문에 일반 주식처럼 언제든지 쉽게 매매할 수 있다.

둘째, 보통의 펀드들이 1% 이상의 펀드 보수를 적용하는 것에 비하여, ETF는 증권거래세와 같이 저렴한 거래비용만 부담하면 된다.

셋째, ETF는 거래소에서 거래되고, 유동성공급자들이 차익 거래를 통해서 시장을 조성하기 때문에 높은 유동성을 유지하는 데 비해, 일반 펀드들은 장외거래로 이루어져 실시간 거래가 불가능하다.

넷째, 일반펀드가 매 분기와 매달 발표하는 것에 비하여, ETF의 운용성과 포트폴리오는 매일 공시하여 그 투명성을 높이고 있다. ETF는 NAV(Net Asset Value: 순자산가치) 대비 거래가격의 차이가 매우 작고, 또한 차이가 벌어질 경우 차익거래가 발생하여, 안정적으로 NAV를 추종한다.

이런 점들 때문에 최근 ETF 시장이 점점 커지고 있고, 투자자들도 개별주식에 투자하기 어려울 경우 ETF 투자에 더 많은 관심을 기울이고 있다.

ETF는 기본적으로 벤치마크가 되는 지수가 개발되는 것이 중요하다. 무엇이든 지수를 개발하면 ETF를 구성할 수 있다. 지금 시장에서 거래되는 ETF의 종류가 매우 다양해지고 있는데, 간단히 살펴보면 다음과 같다.

① **시장대표지수 ETF:** 가장 대표적인 ETF로는 시장대표지수 ETF가 있다. 코스피200, 코스피100, KRX100, 코스닥150, MSCI코리아인덱스 등을 추종하는 ETF들인데 이 중 가장 거래량이 많은 ETF는 코스피200과 코스닥150이다.

② **섹터 ETF:** 섹터는 산업 또는 업종지수를 생각하면 된다. 소재, 산업재, 경

기소비재, 필수소비재, 의료, 금융, IT, 통신서비스 등이 있다. 대표적인 지수로는 코스피200 헬스케어, 코스피200 경기소비재, 코스피200 정보기술 등 섹터별 지수를 추종하는 ETF가 거래되고 있다. 섹터 ETF는 투자자가 원하는 섹터를 골라서 해당 섹터 내에서 분산투자를 할 수 있다. ETF를 통해서 개별종목이 아닌 업종 내 여러 종목을 동시에 투자하는 효과를 얻을 수 있다.

③ **테마 ETF:** 테마 ETF는 섹터 ETF와 비슷해 보이기도 하는데 테마는 우량가치, 블루칩, 2차전지산업 등 흔히 테마주처럼 묶인 테마를 의미한다. 또한 삼성그룹, 현대차그룹 등과 같은 그룹주도 테마 ETF의 종류로 볼 수 있다.

④ **고배당 ETF:** 고배당 ETF는 투자자들의 관심이 쏠리는 ETF다. 이는 배당성향이 높은 종목, 시장 평균 대비 배당금을 많이 주는 종목들로 구성된 ETF로, 고배당지수를 추종하게 된다.

⑤ **스타일 ETF:** 스타일 ETF는 특성이 비슷한 주식들로 구성된 지수를 추종하는데, 대형주, 종소형주, 성장투자 등의 ETF가 있다.

⑥ **채권 ETF:** 채권에 투자하는 ETF다. 채권투자를 통해 이자수익을 기대하는 것처럼 채권 ETF도 이자수익을 기대하고 투자를 한다. 국공채권, 회사채권, 단기자금 등을 이용한 ETF가 있다.

⑦ **원자재 ETF:** 원자재 ETF는 원유, 금, 은, 농산물, 구리 등에 투자한다. 원자재 선물에 투자하는 것이 쉽지 않은데 이때 이용할 수 있는 상품이다.

⑧ **해외지수 ETF:** 해외에 투자하는 ETF다. 미국의 S&P500, 나스닥, 유로스

탁스, 일본토픽스 등에 투자할 수 있다. 또한 이머징국가 중에서도 중국, 인도, 베트남 등에 투자하는 ETF도 있다.

⑨ **파생상품 ETF**: 파생상품을 이용해서 만든 ETF로, 레버리지 ETF와 인버스 ETF가 있다. 레버리지 ETF는 추종지수 일일변동폭의 2배수, 인버스 ETF는 추종지수 변동폭의 반대로 움직이는 ETF인데, 이 중 인버스2X는 추종지수 일일변동폭의 반대 방향으로 2배의 수익률을 추종하는 ETF다.

이렇게 다양한 ETF가 존재한다는 것은 앞으로 투자자들이 개별종목을 선정할 때 느끼는 어려움을 대신해서 포트폴리오 자체를 살 수 있다는 장점이 있다.

2) ETF 투자 전략

ETF를 이용해서 다양한 투자 전략을 구성해 볼 수 있다. 앞으로 ETF 시장이 더욱 커진다면 전략 구성을 정확히 아는 것이 중요하다. 더 다양한 전략이 있지만, 일반투자자가 쉽게 접근할 수 있는 전략 두 가지를 소개한다.

(1) 핵심-주변 전략

핵심-주변 투자 전략(Core-Satellite 전략)이란 핵심 포트폴리오로서 시장지수를 추종할 수 있는 ETF를 배치하고 섹터 ETF 등을 시가총액 비중 또는 투자 비중에 따라 적절하게 구성하는 것을 말한다. 그리고 시장수익률 추적과 동시에, 섹터 ETF 등의 비중을 조절하여 시장 대비 초과수익을 추구하는 전략이다.

현재 시장에 상장되어 있는 시장지수 ETF와 섹터 ETF, 원유 ETF, 해외 ETF 등을 이용하면 이러한 핵심-주변 투자 전략을 적은 비용으로도 수행할 수 있다. 실제로 미국 등 선진국에서는 많은 연기금펀드가 상장지수 ETF와 섹터 ETF를 사용하여 이러한 전략을 구사하고 있다. 또한, 핵심-주변 투자 전략은 전체 투자 포트폴리오의 수익 변동성을 완화시켜 주는 효과도 있다.

즉, 특정 종목 또는 특정 업종에 치우친 포트폴리오 구성은 시장 상황 변화에 따라 수익률 변동성이 높을 수밖에 없으나, 핵심-주변 투자 전략을 사용하는 포트폴리오는 각각의 변동성을 분산시키는 효과를 가지고 있기 때문에 안정적인 투자성과를 추구할 수 있다.

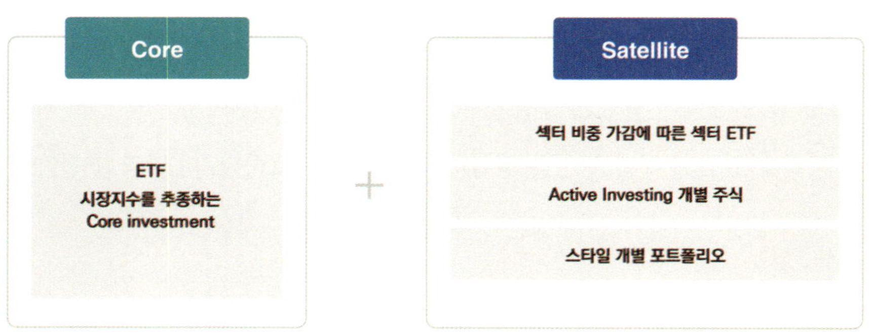

핵심-주변 전략 사례

(2) Plug & Play 전략

특정 섹터와 시장에 대한 긍정적인 전망을 가지고 있으나, 개별 종목 선정에 대한 어려움이 있을 경우, 먼저 해당 ETF에 투자한 이후 실적 개선이 가시화되는 시점에서 섹터와 시장 내에 저평가 종목 또는 주도 종목에 투자하는 Plug & Play 전략을 구사할 수 있다. 또한 투자자의 예측치와 다르게 섹터와 시장이 다르게 움직여도, 개별 종목에 직접 투자하는 것에 비해, ETF 고유의 분산투자 효과 때문에 유리하다.

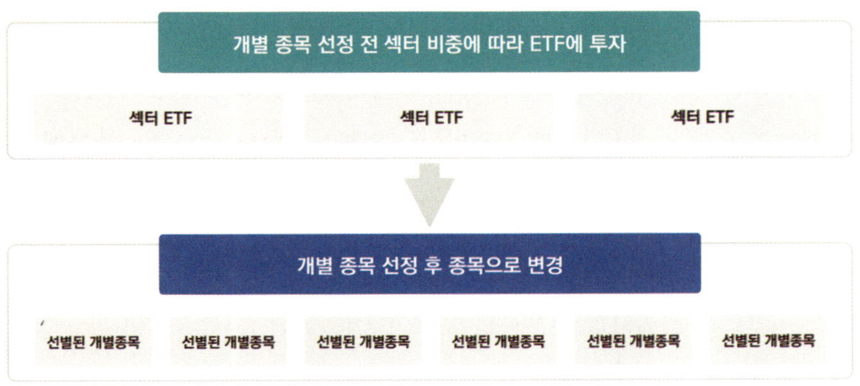

Plug & Play 전략

3) 월배당 ETF 투자법

최근 주식시장은 저금리 시대에 보다 높은 수익을 얻을 수 있는 월배당 ETF에 대한 관심이 커지고 있다. 배당은 1년에 한 번 내지는 두 번 정도 주거나, 분기배당을 할 경우는 네 번 정도 주어진다. 그런데 요즘 유행하는 것은 월지급배당을 해주는 ETF가 개발되어 판매되고 있다.

ETF를 통해 월배당을 받을 수 있는 방법은 주로 해외주식이나 부동산상장 펀드인 리츠, 커버드 콜 전략 등을 활용하는 것이다. 커버드 콜 전략은 일반인에게는 조금 어려운 전략이지만 쉽게 말하면 콜옵션을 매도해서 받은 프리미엄으로 배당을 지급하는 것을 말한다.

당연히 월배당 ETF는 배당금이 매월 지급되지만, 배당금은 투자 결과에 따라 변동될 수 있다는 점과 ETF의 운용보수, 환율 변동, 시장의 변동성 등에 따라 투자성과가 달라질 수 있다는 점도 알아야 한다.

그러나 은퇴 세대나 연금 투자자는 월배당 ETF를 통해 매달 생활비나 재투자에 활용할 수 있다. 또한 직장인이나 일반투자자는 배당금으로 추가 매수 등 다양한 전략을 구사할 수 있는 상품이기 때문에, 필요한 투자자들은 ETF의 투자 전략을 꼼꼼히 살펴서 투자할 필요가 있다.

4. 성공적인 포트폴리오 구성 방법

"꿩 잡는 게 매"라는 말이 있다. 매가 꿩을 잡아야만 매로서 인정받듯이, 수익을 내야 제대로 된 투자가 되는 것이다. 그러기 위해서는 성공적인 포트폴리오에 대한 고민을 해야 한다. 흔히 포트폴리오라고 하면 분산투자 정도로 생각하는 사람들이 대부분이다. 사실 그 말도 잘못된 것은 아니다.

그러나 조금 더 엄밀하게 포트폴리오를 정의해 보면 다음과 같다. "포트폴리오는 2개 이상의 자산에 동시에 투자하는 상태"라고 할 수 있다. 그래서 한 종목에 집중투자하는 것은 포트폴리오 투자라 하지 않고, 적어도 2개 이상의 종목에 투자하는 것을 포트폴리오 투자라 한다.

1) 경제 상황에 맞는 포트폴리오 구성

주식시장은 경제 상황과 분리해서 생각하는 것이 불가능하다. 그래서 일단은 경제 상황에 맞는 포트폴리오 구성을 제시해 보고자 한다.

(1) 경기회복 초기 유동성 장세에서의 포트폴리오 구성 방법

경기가 회복되는 초기에는 중앙은행이 우선적으로 완화적인 통화 정책을 펴게 된다. 완화적인 통화 정책이란 금리는 내리고 시중에 돈은 풀어대는 것을 말한다. 이런 상황이 벌어지면 시장에서는 안전자산인 금리자산에 대한 기대수익률이 형편없이 낮아져 투자 매력이 낮아진다. 그런데 경기회복이 되기 전인 경기침체기를 거치면서 주식시장에 주가는 매력적인 수준으로 낮아져 있어 돈의 흐름이 예금이나 적금 등 금리자산에서 주식시장으로 바뀌는 현상이 나타난다.

과거 경험으로 보면 이때는 주식시장으로 하루에 적게는 수천억 원에서 많게는 수조 원의 자금이 밀려들어 온다. 이런 상황에서는 그 엄청난 자금을 모두 중소형주에 투자할 수 없다. 예를 들어 시가총액이 수천억 원대의 중소형주에 대해서 1조 원 정도의 돈으로 사 모은다면 아마도 며칠은 상한가를 기록해야 겨우 원하는 만큼의 주식을 확보할 수 있다. 이런 모든 것이 투자에 있어 비용으로 작용한다. 그래서 이런 것을 '시장충격비용(Market Impact Cost)'이라 한다.

그렇다면 시장충격비용을 줄이는 상태에서 원하는 만큼 충분히 주식을 확보할 수 있는 것은 업종대표주를 매입하는 것이다. 예를 들어 삼성전자의 경우 시가총액이 수백조 원에 이른다(2025년 10월 20일 기준 578조 원).

이렇게 업종대표주를 사게 되면 주가를 크게 올리지 않고서도 원하는 만큼의 주식을 확보할 수 있다. 그래서 경기회복 초기에 나타나는 유동성 장세에서는 무조건 시가총액 상위 종목을 사야 한다. 개인적으로는 시가총액 1위부터 5위까지 중에서 2~3종목을 보유하면 절대 시장 평균보다 못한 성과를 거두지는 않을 것으로 확신한다. 이런 것은 공식처럼 암기하고 있어야 한다. "돈이 밀려들어 올 때는 무조건 시가총액이 큰 종목에 투자한다." 그래야 성공적인 포트폴리오를 만들 수 있다.

(2) 경기회복기의 포트폴리오 구성 방법

경기회복 초기의 유동성 장세와 명확하게 구분되는 상황은 아니지만 순서상으로 보면 업종대표주의 상승 바로 다음에 나타나는 현상이 있다. 그래서 경기회복 초기의 유동성 장세와 구분해서 설명하려고 한다.

경기가 회복된다는 것은 물동량이 늘어나는 것부터 시작한다. 원재료가 움직이고 원재료를 가공해서 완성품이 만들어지면 세계 곳곳으로 물건들이 수출입이라는 과정을 거치면서 팔려 나간다.

이때 주목해야 하는 것이 바로 운송과 관련되는 종목들이다. 운송은 육상운송, 해상운송, 항공운송 등으로 구분해 볼 수 있다. 그러나 그중 가장 큰 단위의 물동량이 움직이는 것은 바로 해상운송이다. 해상운송에서 원재료는 벌크선으로, 완성품은 컨테이너선으로 실어 나른다.

그래서 순서상으로 보면 벌크선을 운용하는 벌크선사가 먼저이고, 그 다음에는 컨테이너선사가 움직여야 한다. 그런데 모든 것이 이론적인 상황처럼 순서대로 움직이지 않는다. 그래서 해운선사 중에서도 누가 먼저 움직일지 알 수 없기 때문에 벌크선사와 컨테이너선사를 같이 포트폴리오에 넣어야 한다.

해운사의 주가가 오르는 이유는 해운운임이 비싸지면 수익성이 좋아질 것으로 기대되기 때문이다. 운임이 비싸지는 이유는 간단히 말해 배가 부족해서 그렇기도 하다. 배가 부족하다 보니 경우에 따라서는 해운회사보다 배를 만드는 조선사들이 먼저 움직이는 경우도 있다. 이렇게 해운과 조선이 번갈아 가면서 움직이는 상황이 발생할 수 있기 때문에 해운업종과 조선업종 종목으로 포트폴리오를 적절하게 구성해야 주도 종목을 놓치지 않게 된다.

여기서 한 가지 팁을 더 설명하면 종목에 자신이 없는 경우 조선과 해운주를 중심으로 만들어 놓은 ETF가 있다면 먼저 그 종목을 사서 대응하는 것도 방법이 된다. 그리고 그중 주도주가 나타나게 되면 ETF를 팔고 종목으로 갈아타는 전략을 'Plug & Play' 전략이라고 설명한 바 있다. 과거 경험으로 보면 조선과 해운에서 생각보다 큰 수익이 나는 사례가 많았다는 점을 기억해야 한다.

(3) 경기 상황이 본격적으로 호전될 때의 포트폴리오 구성 방법

경기회복기를 지나 경기가 본격적으로 좋아지면 기업들의 실적이 눈에 띄게 좋아진다. 이때는 경기회복 초기의 유동성 장세에서 샀던 업종대표주나 경기회복기의 조선해운주에서 벗어나 경기 상황에 맞는 포트폴리오를 구성해야 한다.

이때도 순서는 있다. 먼저 산업으로 본다면 소재 관련 산업에 우선적으로 투자해야 한다. 소재 관련 산업이란 경제 전반에 걸쳐 영향을 미치는 원재료와 관련된 산업이다. 예를 들어 석유화학제품이나 철강제품 등은 대표적인 소재산업이다. 그리고 요즘에는 인프라 투자 이외에 데이터센터에 대한 투자도 활발하게 이루어기 때문에 반도체도 소재산업의 하나로 분류해 볼 수 있다.

그런데 소재산업에서 고민해야 하는 것은 바로 중국과의 연관성이다. 중국이 수요와 공급의 중심이거나 가격결정권을 가지고 있는 업종은 가급적 피해야 한다. 지금 상황에서 철강산업과 일부 석유화학산업이 그에 해당한다. 그러나 우리나라 석유화학회사들의 경우 각 회사마다 자신만의 특수한 제품 즉, 스페셜티 제품을 가지고 있다.

이런 점으로 볼 때 석유화학업종에 투자하기 위해서는 산업과 그 산업 내에서의 제품에 대한 공부가 이루어져야 한다. 소재산업이 움직인다면 석유화학 중 스페셜티 제품과 반도체를 중심으로 상승 시도가 이루어질 가능성을 배제할 수 없다.

그리고 소재산업의 상승이 있고 난 이후에는 경기소비재산업으로 넘어가게 된다. 경기소비재란 냉장고, 세탁기, 자동차와 같이 경기가 좋아져 소비자들의 주머니가 넉넉해진 다음 주로 소비하는 제품을 말한다.

이때는 경기회복 초기에 나타났던 폭발적인 주가 상승을 기대하는 것은 어렵다. 그래서 그때 상황에 맞게 안정적인 업종 간 포트폴리오를 구성하면 되고, 조금은 방어적인 전략을 세울 때로 보면 된다. 그래서 가급적 실적이 안정적이고 배당성향도 높아서 높은 배당률을 기록하는 종목을 중심으로 포트폴리오를 구성하면 된다.

2) 글로벌 유동성 장세가 벌어질 때의 포트폴리오

2008년 미국의 금융위기와 2020년 코로나19 팬데믹 이후 글로벌 경제는 지금까지 한 번도 본 적 없는 막대한 규모의 자금이 시중에 풀리는 것을 경험했다.

예를 들어 2007년까지 미국 중앙은행이 풀어놓은 본원통화가 약 1조 달러 규모였다. 그런데 2008년 금융위기 이후 약 10년간 양적완화를 통해 어마어마한 돈을 풀어 2017년 미국 연준의 본원통화는 4조 5천억 달러까지 늘어났다. 그리고 엄청난 충격으로 다가온 코로나19 팬데믹으로 인한 경기후퇴를 막기 위해 더 엄청난 돈을 풀어 2022년에는 그 풀린 본원통화의 규모가 9조 달러까지 늘어났다.

이렇게 마구 돈을 풀어놓는 상황에서 글로벌 유동성 장세가 나타난다. 꼭 위기 상황으로 인한 돈 풀기가 아니라도 주식시장으로 돈이 몰리는 상황이 되면 이때는 미래의 성장가치가 높은 성장주 포트폴리오를 구성하는 것도 좋은 방법이다.

앞으로 나타날 새로운 기술을 지금 상황에서 예단해서 정의할 수는 없다. 그러나 가까운 미래에 큰 성장을 가져올 수 있는 분야로는 바로 바이오헬스케어 분야를 꼽을 수 있다. 이 중에서도 특히 신약 개발을 중심으로 한 제약업계가 떠오르고 있다.

지금 제약 기업들이 가장 큰 관심을 두고 있는 영역은 바로 표적항암제나 면역항암제이다. 새로운 물질이나 새로운 약품을 출시하면 엄청나게 큰 수익을 얻을 수 있다. 그런데 이런 기업들에는 큰돈들이 움직일 때 투자가 활발하게 이루어진다.

바이오헬스케어 분야가 아니더라도 새로운 기술을 기반으로 새롭게 탄생하는 산업에 속한 기업들에 대한 투자도 이때는 가능하다. 왜냐하면 풍부한 유동성을 바탕으로 한껏 거품이 형성되는 상황이 벌어질 수 있기 때문이다. 모든 버블은 터지고 나서야 버블이라는 것을 알게 된다. 그래서 유동성이 풀릴 때는 '고위험/고수익(High Risk/High Return)' 포트폴리오를 구성해도 무방하다.

지금까지 경기 상황과 유동성 상황에 맞는 성공적인 포트폴리오 구성 방법에 대해 살펴봤다. 그러나 각각의 상황에 맞춰 발 빠르게 대응하기 어려운 투자자들의 경우는 독점적인 위치를 차지하면서 소비자들에게 큰 영향을 주는 소위 톨브리지형 기업을 중심으로 포트폴리오를 구성해서 장기투자에 나서는 것도 좋은 방법이라 생각된다.

주식은 투자를 하는 과정에서 스릴을 느끼기 위해 하는 것이 아니다. 수익을 내기 위해서는 재미없는 지루한 시간을 보내야 할 때도 있다. 그래서 자신의 투자성향과 자신의 상황에 맞게 앞에서 제시한 포트폴리오 구성을 참고하면 성공적인 포트폴리오 구성에 한발 더 다가갈 수 있으리라 믿는다.

5. 세대별 투자법

주식투자는 돈만 벌면 최고인 그런 게임이 아니다. 투자를 연구하는 사람들이 많다는 것은 자산 관리가 과학적으로 이루어져야 함을 일깨워준다. 그동안 오직 돈을 벌겠다는 일념으로 주식시장에 달려들었다가 인생을 망친 사례는 손으로 꼽을 수 없을 정도로 많다.

주식투자는 행복한 삶을 살기 위한 수단이다. 그런데 만약 주식투자를 해서 불행해진다면 이는 주객이 전도된 일이 된다. 제대로 된 투자는 나이를 먹어감에 따라 변하는 세대에 맞게 이루어져야 한다. 그 핵심에는 위험이라는 개념이 있다.

위험을 부담할 수 있는 나이에는 보다 높은 위험을 감수하면서 수익을 노려야 한다. 그러나 위험을 부담해서는 안 되는 나이에는 위험을 낮추고 안정적인 수익구조나 현금구조를 만들어야 한다. 나이에 따라 투자 목표와 시간 지평이 달라지기 때문이다.

젊을수록 실패를 만회할 시간이 충분하지만, 나이가 들수록 손실 회복의 기회는 제한된다. 따라서 생애주기에 맞는 자산 배분 전략이 필수적이다. 이런 관점에서 세대별 투자법을 소개한다.

1) 2030의 투자법: 위험을 부담하고 수익을 높이는 투자를 하라

2030세대는 독립적인 인생을 살아가는 첫 무대에 서는 나이다. 이 세대는 젊음이라는 강력한 무기가 있지만, 치명적인 단점은 종잣돈(Seed Money)이 없다는 점이다. 물론 부모로부터 물려받은 재산이 있는 사람들은 제외하고서 말이다. 따라서 2030세대는 먼저 종잣돈을 만드는 작업부터 해야 한다.

종잣돈을 만들기 가장 좋은 방법은 적금통장을 개설하는 것이다. 은행에 매월 일정금액을 적금해서 만기에 목돈을 만들어야 한다. 물론 적금을 이용하는 것 이외에 펀드나 주식을 이용해서 적립식 투자를 하는 것도 좋다. 다만, 은행의 적금은 원금이 보장된다는 장점을 가지고 있으나 저금리 시대에 이자가 낮아 복리효과가 크지 않다는 단점도 함께 가지고 있다.

펀드나 주식으로 적립식 투자를 하는 것은 잘못됐을 경우 원금을 손해 볼 수 있다는 단점이 있지만, 위험이 낮은 종목을 선정한다면 시세차익 이외에도 배당수익을 올릴 수 있다는 점은 큰 장점이다.

종잣돈이라고 하니 큰 규모의 돈을 생각하는 사람들이 있는데 그 규모는 개인에 따라 다르다. 일반적으로 1,000만~2,000만 원 정도를 생각하면 좋다. 물론 그보다 작아도 되고 능력이 되면 커도 무방하다.

이렇게 종잣돈이 모여지면 2030세대는 안정적인 종목도 좋지만, 성장주에 투자하는 것을 권한다. 성장주란 지금은 위험이 있지만, 미래 성장 가능성이 큰 종목을 말한다. 예를 들면 제약바이오업종 중 신약 개발 회사, 또는 IT를 기반으로 하는 기술주에 속하는 종목들이 이에 속한다.

이런 종목을 권하는 이유는 먼저 투자에 실패했을 경우 다시 일어설 수 있는 시간적 여유가 있기 때문이다. 물론 미래를 담보로 지나치게 무리한 투자를 하지 않는다는 조건하에서 말이다. 그리고 투자에 성공했을 경우 10~20배 정도의 큰 수익을 남길 가능성이 높은 조건이기도 하다.

이를 위해서는 업종에 대한 공부를 해나가야 하는데 젊고 빠른 두뇌회전을 가진 사람들이 감당해 나가기에 적절한 부분이 있다. 나이가 들면 이런 스트레스나 빠르게 변하는 세상을 따라잡기가 어려워지는 부분이 있기 때문에 다소 위험이 높은 투자는 2030세대에게 권하는 투자법이 된다.

이때 조심해야 하는 것은 투자의 완급조절이다. 큰 성공을 거두었을 때나 반대로 실패를 했을 때 잠시 쉬어갈 줄 알아야 한다. 큰 성공을 거두면 사람들은 자만심에 빠진다. 그래서 보다 위험한 투자를 통해 더 큰 수익을 얻으려다 그나마 거뒀던 성공도 내다 버릴 수 있다. 크게 벌었으면 1~2년 정도는 투자를 쉬어야 한다.

반대로 큰 실패를 맛본 경우에도 반성의 시간을 가지면서 쉬어야 한다. 벌었을 때보다 마음이 더 급해지는 것은 잃었을 때이다. 투자는 멘탈게임이란 속성이 있다는 것을 잊어서는 안 된다. 자만에 빠지거나 마음이 급해지면 항상 실패의 가능성이 크다는 것을 인지할 때, 보다 정신적으로 강건한 투자자가 될 수 있고, 이후 나이에 들어감에 따라 위대한 투자자가 되어 전업투자의 길로 들어설 수도 있을 것이다.

2) 4050의 투자법: 안정적인 관리가 가능한 투자를 하라

4050세대는 직장으로 보면 대리와 과장을 지나 차장 또는 부장 정도의 직급에 있는 사람들이 대부분일 것이다. 물론 자영업을 하는 사람도 있고, 사업을 하는 사람도 있을 수 있다. 예를 들어 중견간부 정도가 되는 나이라는 것을 말하고 싶다.

중견간부 정도 되면 세상 물정을 잘 안다. 그리고 너무 위험한 투자를 해서 자칫 실패를 하면 쉽게 복구하지 못하는 나이라는 것도 인식하고 있다. 그러나 이때는 큰 자산은 아닐지 몰라도 어느 정도 재산상의 여유를 가진 사람들이 많은 나이가 된다.

이들은 안정적인 관리가 가능한 투자를 해야 한다. 위험이 높아 가격의 변동성이 큰 종목들은 가급적 피하는 것이 좋다. 그리고 본인들이 설명을 들었을 때 이해할 수 있는 상품에 투자해야 한다. 아무리 설명을 들어도 수익구조를 이해하지 못하는 ELS 등 파생상품이 포함된 상품이 있다면 투자 대상에서 제외시켜야 한다.

이들에게 가장 먼저 권하고 싶은 것은 ETF에 대한 투자다. 투자자산의 50% 정도는 시장을 전체를 포함하는 ETF에 투자하고, 나머지 50% 정도는 섹터(업종별, 또는 테마별) ETF에 투자해서 안정성과 수익성을 동시에 추구하는 투자법을 추천한다.

만약 ETF 투자가 마음에 들지 않는다면 개별 종목에 대한 투자도 가능하다. 이때는 지금까지 살면서 자신들이 경험이 묻어 있는 업종에 있는 주식을 고를 것을 권한다. 예를 들어 제약업계에서 일을 했다면 제약주 중에서, 건설업계에서 일을 했다면 건설주 중에서 종목을 고르는 등 자신이 가장 잘 이해할 수 있는 종목에 투자해야 한다. 이것이 생활 속에서 종목을 찾는 투자법이다. 경험만큼 소중한 자산도 없다. 그 소중한 경험을 적극적으로 활용해야 한다.

4050세대도 은퇴 전에 빨리 더 큰 재산을 모아야 한다는 조급증을 조심해야 한다. 자칫 본인이 부담하기 힘들 정도로 남의 돈을 빌려 투자를 하다 실패하게 되면 누구보다 힘든 노년생활을 보내야 한다. 따라서 4050세대 투자의 키워드는 경험을 살리고 안정적인 투자법을 찾으라는 것이다.

3) 은퇴자의 투자법: 유동성을 높이는 투자를 하라

은퇴자들은 모아놓은 재산이 있다면 다행이지만 그렇지 않으면 연금에 기대서 살 수밖에 없는 세대다. 즉, 매월 필요한 현금유동성이 확보되지 않으면 기본적인 생활도 어려워질 수 있는 세대이기 때문에 무엇보다 유동성을 높이는 투자를 해야 한다.

이 세대는 위험을 부담해서는 안 되는 세대다. 위험이란 원금을 까먹을 수 있는 가능성을 말한다. 만약 노후를 위해 모아 놓은 원금을 까먹는 일이 생기게 되면 이보다 더한 낭패는 없다. 따라서 가급적 원금이 지켜지는 방향으로 투자를 해야 한다.

가장 좋은 길은 채권에 투자하는 것이다. 문제는 대부분의 투자자가 채권이 가지고 있는 매력을 알지 못한다는 것이다. 채권은 주식과는 달리 만기가 있고, 만기가 되면 적어도 원금은 보장되는 증권이다. 따라서 원금 이외에 이자도 벌 수 있는 수단이 바로 채권인데 이는 주식에 투자하는 것에 비해 높은 안정성과 낮은 위험을 동시에 확보할 수 있는 투자자산이다.

사실 전 세계에 투자 가능한 금융자산 중 주식과 채권의 자금배분 비중을 본다면 채권에 80% 이상의 자금이 투자되어 있다. 그래서 정말 큰손은 채권시장에 있다는 말이 허언이 아니다. 채권이 재미없다는 말을 하는 사람들도 많은데, 투자는 재미로 하는 것이 아니고 자신의 투자목적에 맞게 하는 것이란 점을 강조해 주고 싶다.

그럼에도 불구하고 채권투자가 어렵고 마음에 들지 않는다면 배당주펀드나 월배당 ETF 등에 투자하는 것도 하나의 방법이다. 배당주펀드는 시세차익보다는 안정적인 배당을 받는 것이 목적이며, 배당성향이나 배당수익률이 높은 주식에 투자한 펀드를 말한다. 그리고 월배당 ETF는 매월 일정한 배당이 지급되는 ETF로, 최근 관심을 끌고 있는 상품이다. 이런 투자는 매월 필요한 현금을 손에 쥘 수 있다.

만약 은퇴자들이 기본적인 생활을 위한 연금이 충분히 확보된 상태에서 보다 높은 수익을 얻는 투자를 하고 싶다면 위험은 극도로 낮추고 그에 따라 기대수익률도 낮추는 투자법을 찾아야 한다. 개인적으로는 개별종목을 이용한 적립식 투자보다는 펀드를 이용한 적립식 투자를 권한다. 개별종목보다는 펀드의 위험도가 낮고, 이를 이용한 적립식 투자는 위험을 낮추고 또 낮춘 상태에서 수익을 노릴 수 있기 때문이다.

투자는 결국 투자자의 투자목적에 맞게 이루어져야 한다. 여기서 말하는 투자목적은 단순히 돈을 많이 버는 것이 아니라, 자신이 어느 정도의 위험을 부담할 수 있는가에 따라 달라진다. 세대별 투자법 역시 각 세대가 얼마나 위험을 부담할 수 있는가를 기준으로 설명했다. 돈은 벌고 싶다고 해서 벌리는 것도 아니고, 잃기 싫다고 해서 잃지 않는 것도 아니다. 그렇기 때문에 투자자는 자신이 처한 상황을 이해하고, 그에 맞는 투자법이나 종목을 골라야 한다.

앞으로 우리 주식시장은 역사상 가장 길고 강한 주가 상승을 맞이할 것으로 예상된다. 그 이유는 그동안 가계자산의 80% 이상이 부동산에 묶여 있던 구조에서 벗어나, 이제 주식 등 금융자산의 비중이 점차 높아지는 구조개혁의 시작점에 있기 때문이다.

이는 부동산이라는 생산성이 낮은 자산에서 주식이라는 생산성이 높은 자산으로 돈이 옮겨간다는 것이다. 다만 부동산은 유동성이 극히 낮다는 점에 주목해야 한다. 즉, 부동산을 팔고 주식으로 넘어오는 데 긴 시간이 필요하다는 뜻이다. 바로 이 점에서 장기간에 걸친 주식시장의 대세 상승을 기대하는 것이다.

따라서 지금이 주식에 투자하는 타이밍이다. 이 큰 변화 속에서 각 세대별 투자법을 지키면서 수익성을 제고할 수 있는 저마다의 방법을 찾아야 한다.

미국 주식시장은 중간중간 등락이 있었지만, 1980년대 이후 꾸준히 우상
향하는 주가 움직임을 보였다. 그런 점에서 우리도 그와 같은 시장이 될 수
있음을 아울러 기억하기 바라면서 모두의 성공투자를 기원한다.

대세 상승기에
놓치기 쉬운 투자법

"모든 꽃은 한꺼번에 피지 않는다."

우리 주식시장이 5,000포인트를 넘어 10,000포인트를 향해 움직이기 시작했다. 강세장 초기에는 주식시장이 상승하고 있음에도 불구하고, 수익을 얻은 투자자보다 주가 상승에서 소외되었다고 느끼는 투자자가 더 많이 나타난다. 반도체주식, 방위산업 관련 주식, 조선 관련 주식 그리고 AI(인공지능)와 관련된 일부 주식을 제외하고는 급등하는 시장에서 오히려 수익률이 뒷걸음치는 모습을 보고 있으면 상대적 박탈감에 허탈해하는 투자자들이 잘못된 결정을 하게 될 위험도 있다.

시장 상승을 신뢰하지 못한 일부 투자자는 오히려 주가 하락에 베팅해서 주가가 떨어질 때 오히려 수익이 나는 인버스(Inverse) 투자를 했다는 이야기도 심심찮게 들린다. 더욱이 하락 시 2배의 수익이 나는 인버스 레버리지(Inverse Leverage)에 투자하기도 하는데 흔히 이를 곱버스라고 부른다. 쉽게 말하면 상승률의 2배가 손해를 보는 구조의 상품이다.

대세 상승기에는 강하게 베팅하는 것이 순리다. 그러나 큰 장이 선다고 해서 모든 주식이 동시에 상승하는 것은 아니다. 그걸 잘 표현해 주는 말이 "모든 꽃은 한꺼번에 피지 않는다"이다. 대세 상승기에 먼저 오르는 주식이 있고 또 뒤늦게 오르는 주식이 있는 반면, 오히려 주가가 하락하는 주식도 있다.

이런 현상을 이해하기 위해서는 시장의 속성을 바로 알아야 한다. 그래야 대세 상승장에서 소외되지 않는 투자를 할 수 있다. 이번 장에서는 대세 상승장이 어떤 특징을 가지고 있는지, 그리고 그 속에서 투자에 참고해야 하는 점들은 무엇인지 알아본다.

1. 니프티-피프티(Nifty-Fifty) 현상을 알아야 한다

주가 상승 초기에는 상승종목보다 하락종목이 더 많은 상태에서 주가가 급등하는 모습을 보인다. 그 첫 번째 사례는 미국에서 있었다. '니프티-피프티(Nifty-Fifty)'는 지난 1969년부터 1973년까지 미국 뉴욕증시에서 나타난 우량주 중심의 주가 상승 현상에서 나온 표현이다.

우리말로 하면 '멋진 50종목' 정도로 해석할 수 있다. 다시 말해 우량(Nifty) 종목 50개(Fifty)만 지속적으로 오르고 나머지는 철저히 소외받은 차별화 장세를 '니프티-피프티'라고 일컫는다.

당시 미국에서는 코카콜라, 아메리칸익스프레스, 필립모리스, P&G, 맥도널드, 월트디즈니 등이 대표적인 니프티-피프티 종목으로 꼽혔다. 이 종목들은 많이 올라 이들 주가의 PER(주가수익비율)은 시장 평균의 2~4배에 달했다. 니프티-피프티 종목의 선별적 상승이 가능했던 것은 기관화 장세 덕분이었다. 당시 기관들이 이들 대형우량주를 선호할 수밖에 없었던 이유는 다음과 같았다.

첫째, 유통 주식 수가 많아 대량 거래에 따른 부담이 적었고 둘째, 실적이 지속적으로 호전되고 있었으며 셋째, 주주들의 감시가 철저해 경영 투명성이 확보돼 있어 투자 책임 문제에서 비교적 자유로웠기 때문이었다. 이렇게 니프티-피프티는 대형우량주들이 여타 종목과 차별적으로 상승하는 대형우량주 중심의 차별화 장세를 부르는 말로도 쓰인다.

우리나라에서는 이와 비슷한 장세가 1994년에 나타났다. 우리나라의 경우 1994년 주가지수 선물과 옵션거래의 기초자산으로 KOSPI200지수가 발표되는 것을 계기로 대형우량주 중심의 차별화 장세가 펼쳐졌다.

1994년 5월 10일 한국거래소는 주가지수 선물거래에 이용할 지수의 채용 종목수를 200개로 확정하고 지수 명칭은 '한국주가지수(KOSPI)200'으로 정했다는 발표를 했다. 채용 종목수를 200개로 한 것은 유동성과 지수조작 가능성 등을 고려한 것이며 시가총액을 기준으로 할 경우 전체 상장시가총액의 70% 이상이 KOSPI200지수에 포함되는 것이었다.

이 지수가 중요한 이유는 선물옵션거래에서 차익거래를 하기 위해서는 반드시 이들 종목을 이용해서 지수를 복제한 포트폴리오가 있었어야 한다. 그래서 국내 기관투자자와 외국인 투자자가 이들 종목을 집중적으로 매수했다. 따라서 KOSPI200지수가 발표된 이후 시장에서는 지속적으로 대형우량주 중심의 주가 차별화가 진행되었다.

1994년 연초 이후 900포인트 선을 잠시 넘나들던 종합주가지수가 1994년 8월을 기점으로 1,000포인트 선을 돌파하기 위한 본격적인 상승 시도를 하게 되는데 그때 바로 본격적인 니프티-피프티 장세가 연출되었던 것이다. 결국 소수의 대형주를 중심으로 극단적인 차별화 장세가 나타났음에도 불구하고 주가지수는 1994년 11월 1,150포인트까지 상승하는 모습을 보였다.

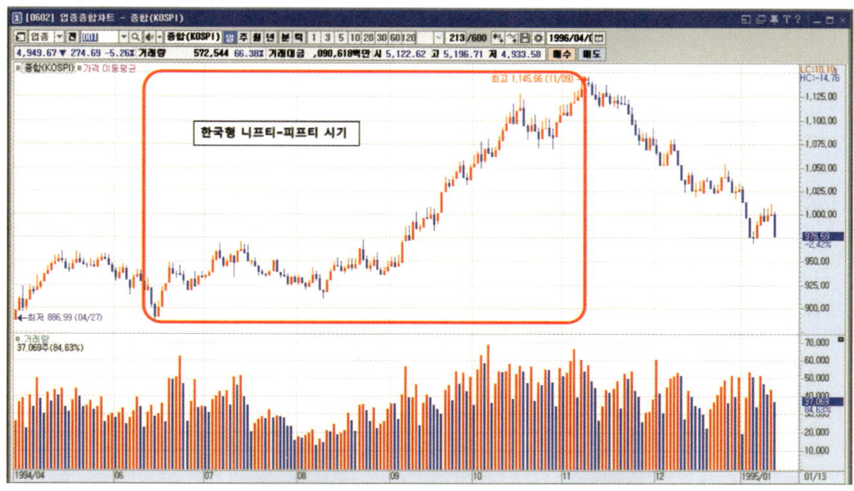

한국형 니프티-피프티 시기

출처: 영웅문

　최근 우리 시장에서 나타난 현상과 마찬가지로 당시에도 차별화 장세가 나타나며 1,000포인트를 넘어서는 과정에서 일반투자자들은 그다지 투자수익을 거두지 못하였다.

　예나 지금이나 일반투자자들은 고가 우량주에는 과감하게 손을 대지 못하고 대체로 중소형 우량주에 자신의 투자 초점이 맞추어져 있기 때문이다. 따라서 차별화 장세에서 상대적으로 소외된 중소형주를 보유하고 있는 일반인의 수익률이 좋을 수 없는 것이었다.

외국인과 기관투자자들의 시각은 이러한 차별화된 장세가 투자 패러다임의 변화에 따른 주식시장의 대세라고 생각하였다. 특히 인덱스펀드의 구성 등 증시의 기관화 현상과 함께 힘이 막강해진 기관투자자들이 대형주를 선호하는 경향이 강해 상대적으로 중소형주 약세는 이어질 수밖에 없었다는 것이다. 대형주 중심의 차별화 장세를 불러오는 근본적인 이유는 바로 기관투자자를 중심으로 한 기관화장세 때문이라고 볼 수 있다.

주식시장은 시간이 갈수록 기관투자자들 중심의 시장이 될 수밖에 없다. 대표적인 기관투자자인 국민연금 등 연기금의 경우 매월 연금보험료가 들어온다. 일반 생명보험회사나 손해보험회사도 마찬가지다. 이들은 지속적으로 유입되는 돈을 투자해야 하는데 주로 주식과 채권에 투자를 하게 된다. 자연히 덩치가 커질 수밖에 없다.

기관투자자들은 국내만 있는 것이 아니다. 국내 기관투자자와 비슷한 형태로 외국의 기관투자자도 있다. 연금펀드를 Pension Fund(펜션펀드)라고 하는데 외국인 투자자의 성격을 대표하는 자금들이다. 이들은 특정한 기준지수(Benchmark Index)를 따라 움직인다.

그 대표적인 지수가 MSCI(Morgan Stanley Capital International)지수다. MSCI 지수에 주목해야 하는 이유는 외국인 투자자의 역할이 커지면서 그들이 투자의 참고서로 삼고 있는 지표의 움직임에 국내 증시는 민감한 반응을 보이기 때문이다.

그중 우리나라와 직접적인 관계가 있으면서 대표적인 것이 MSCI(모건스탠리캐피털 인터내셔널) 신흥시장지수다. MSCI는 23개국 선진국 시장과 28개 신흥시장을 대상으로 각국의 상장된 주식을 업종별로 분류해 종목을 선택한다. 국내에서는 삼성전자, POSCO 등의 대형 우량종목이 MSCI에 포함된 한국물의 대부분을 차지한다.

세계지수에는 MSCI 외에도 FT/S&P(파이낸셜 타임스/스탠더드&푸어스) 월드지수가 있다. 세계 각국 증시에 투자하는 외국 대형 펀드들은 이러한 참고서를 바탕으로 자금을 배분하는 경우가 많기 때문에 자연히 해당 증시에 상당한 영향을 미치게 된다. 즉, MSCI 아시아 종합주가지수에서 한국 비중이 높아지면 외국인 투자가 늘고 비중이 낮아지면 외국인이 빠져나갈 가능성이 커진다.

외국인을 포함한 기관화 장세의 특징은 기관자금이 추종하고 있는 지수의 움직임에 민감하게 움직인다는 것인데, 이때 가장 중요한 것은 펀드 내 종목들의 투자 비중이다.

예를 들어 MSCI 신흥시장지수를 구성하는 국가는 28개인데, 각 국가별 투자 비중이 정해져 있다. 국가뿐만 아니라 그 국가 내에 종목들도 사전에 투자 비중이 정해져 있다. 정해진 투자 비중은 정기적으로 조정을 하지만, 한번 정해지면 변경 전까지는 그 비중을 지켜야 한다.

이런 비중 문제를 언급하는 이유는 우리 주식시장이 큰 폭으로 상승했을 때, 만약 MSCI지수를 추종하는 펀드일 경우 상대적으로 비중이 높아진 우리나라 주식을 적정 비중이 될 때까지 팔아야 하는 문제가 생길 수 있기 때문이다.

주가가 상승함에도 불구하고 외국인들이 대거 매도에 나설 수 있다는 것이다. 이런 문제는 시간이 지나 비중을 조정하는 작업을 거치고 나서야 문제가 해결될 수 있다. 즉, 기관화 장세에서는 대형주를 중심으로 일정 수준의 상승

이후에는 비중 조절 매물에 따른 급등락이 발생할 수 있다.

기관화 장세가 진행되면서 시장이 해결해야 하는 골치 아픈 문제가 발생했다. 시장 효율성에 대한 고민이 생긴 것이다. 시장 효율성이란 주가가 기업가치를 즉각적이고 정확하게 반영해야 한다는 것을 의미한다. '주가는 기업가치에 수렴한다'는 것은 주식을 투기가 아닌 투자로 자리 잡을 수 있게 하는 매우 중요한 명제다.

기업가치와 주가의 관계를 연구한 경제학자들이 노벨 경제학상을 많이 받을 수 있었던 것도 바로 시장 효율성에 대한 굳건한 믿음 때문이다. 그런데 기관화 장세가 진행되면 주가가 기업가치보다는 시장 수급에 의해 움직여질 가능성이 커진 것이다. 이런 문제는 대형주와 중소형주에 모두 영향을 미치게 된다.

먼저 대형주의 경우 각종 벤치마크를 추종하는 자금들이 움직일 경우에 나타난다. 벤치마크 구성의 특성상 대형우량주들에 수급이 집중될 수밖에 없다. 대형우량주는 시가총액이 큰 종목이 대부분이다. 이들 종목이 실적과는 무관하게 수급에 의해서 주가가 상승할 수 있다.

주가가 오르는데 무슨 문제냐고 생각할 수 있겠지만, 실적이 제대로 나오지 않는 종목들이 수급에 의해서 오르게 되면 기업가치와는 동떨어진 움직임을 하게 된다. 즉, 기업가치에 비해 고평가된 상태가 지속될 수 있다. 이런 현상 때문에 수급만 믿고 그 종목을 샀던 투자자들은 갑작스러운 주가 하락으로 큰 낭패를 보게 될 수도 있다.

MSCI의 경우 3개월에 한 번씩 모두 1년에 4번에 걸쳐 편입종목을 교체하는 포트폴리오 리밸런싱(Portfolio Rebalancing)을 한다. 이때 새로 편입되는 종목과 편출되는 종목이 나오게 되는데 편입종목은 수급이 좋아지지만, 편출종목들은 일시에 매물이 나와서 큰 폭의 주가 하락이 생기는 경우가 있다. 수급 때문에 고평가됐던 종목들이 한꺼번에 거품이 꺼지는 이유 때문이다. 이는 MSCI만 그런 것이 아니다. 우리나라 KOSPI200지수도 정기적으로 변경을 한다. 주가가 기업가치와 동떨어져 움직인다는 것은 투자자들에게는 갑작스러운 주가 변동을 일으킬 수 있다는 점이다.

둘째, 기관화 장세가 증가하면 상대적으로 중소형주는 소외를 당하게 된다. 즉, 매수세가 대형우량주로 쏠리는 바람에 중소형주로는 매수세가 들어오지 않으니 주가가 제대로 상승하지 못하는 경우가 생기게 된다.

지금까지 주식투자를 다른 투기수단이나 도박과 다르게 생각하는 이유는 주가가 기업가치를 잘 반영하기 때문이었는데, 이런 현상 때문에 주가가 기업가치에 훨씬 못 미치는 저평가 상태로 장기간 흘러갈 가능성이 커진다는 점은 투자자들이 혼란에 빠질 가능성이 크다.

대형주는 실적이 나쁜데도 불구하고 잘 올라가는데, 중소형주는 아무리 실적이 좋아져도 주가가 상승하지 않는 답답한 상황이 나타날 가능성이 크다. 주가는 매수세가 적극적으로 유입되어야 제대로 된 상승을 하게 된다. 그런데 기관화 장세가 되면서 시가총액이 큰 종목으로 편중된 거래가 나타나게 되니 중소형주로는 매수가 제대로 들어오지 않아 중소형주의 만성적인 저평가 현상이 벌어질 수 있다.

다음 차트의 아래쪽은 상승종목과 하락종목의 비율을 나타낸 지표인 ADR(등락비율)이다. 빨간색 선 아래는 상승종목보다 하락종목이 더 많은 구간

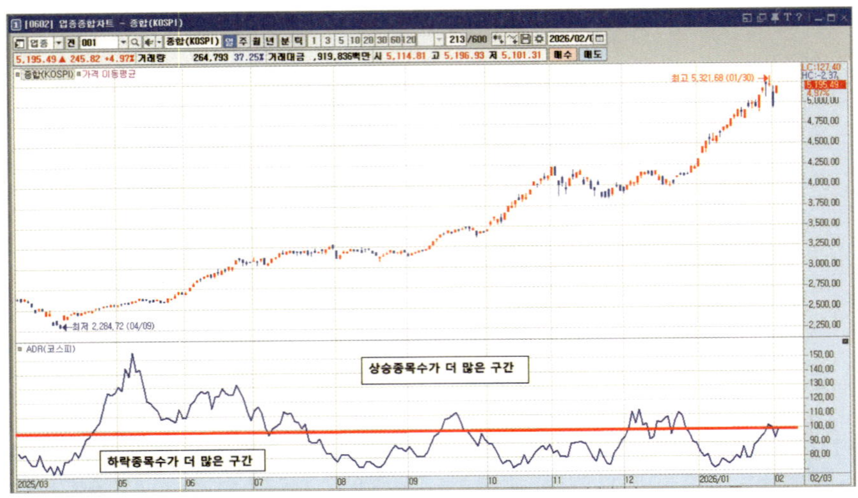

상승/하락 종목비율과 주가지수

출처: 영웅문

이고, 빨간색 선 윗부분은 상승종목이 하락종목보다 더 많은 구간이다.

한눈에도 하락종목이 더 많은 구간이 많게 보인다. 즉, 주가가 올라오는 과정에 오르는 종목보다 내리는 종목이 더 많았다는 것을 확인할 수 있고, 그것이 지금 시장의 특징임을 알 수 있다.

그러나 중소형주의 만성적인 저평가 상태는 결국에는 해소될 것이다. 아무리 기관화 장세가 나타난다 하더라도 그 펀드들 중에는 중소형주에 투자하는 펀드도 있기 때문이다. 대표적인 인덱스펀드를 추종하는 자금에 비해 비교도 되지 않을 정도로 자금 규모가 작은 것이 특징이긴 하지만 이들 펀드의 움직임도 무시하지 못한다.

결론적으로 기관화 장세가 나타나게 되면 대형주의 경우 주가 상승을 이끄는 선두주자로 소수 종목으로도 큰 폭의 주가 상승이 가능해진다. 반대로 중

소형주의 경우 수급부진으로 시장소외 현상이 장기간 이어지는 현상이 나타
나게 될 것이다.

그러나 시간이 지나면 대형주는 펀드 비중 조정에 따른 급등락이 나타날 수
있고, 중소형주의 경우 더디긴 하지만 저평가 현상이 해소될 수 있다. 주가가
기업가치에 수렴하기 위해서 과거보다는 더 긴 시간이 필요하게 될 것이다.

이런 내용을 바탕으로 우리 주식시장이 6천 포인트에 오르는 과정에서 상
승종목보다는 하락종목이 더 많은 현상을 이해할 수 있게 된다.

2. 정부 정책에 역행하는
투자를 해서는 안 된다

"시장을 이기는 정부도 없고, 정부를 이기는 시장도 없다."

이 말은 시장의 큰 흐름을 역행해서 성공하는 정부가 없는 것과 마찬가지로, 정부의 정책에 역행해서 움직이는 시장도 없다는 뜻이다. 즉 정부는 정책을 수립할 때 시장의 흐름을 따라야 하고, 정책이 결정되고 나면 시장은 정책 방향대로 움직인다는 뜻이다.

정부의 정책은 크게 두 가지로 구분해 볼 수 있다. 금융시장 전체에 영향을 미치는 정책과 개별산업에 영향을 미치는 정책이 그것이다.

금융시장 전체에 영향을 미치는 것은 시중 자금의 흐름을 어느 자산으로 움직이게 할 것인가에 대한 결정이다. 과거 우리나라 대부분의 정책 방향은 금융시장이나 주식시장 등 자본시장 중심이라기보다 부동산 중심이었다. 부동산에 대한 투자 유도는 아파트를 짓는 과정에서 빠르게 경제성장률을 올릴 수 있었기 때문이다.

즉, 건설투자는 노동자들의 고용도 많아지고 철근, 시멘트, 건자재 등 유발효과도 크기 때문이다. 이런 과정에서 우리는 부동산 불패 신화라는 말이 생겨나기 시작했다. 그리고 정책을 결정하는 정치인들은 유권자들의 표를 생각해서 부동산을 부양하는 정책을 이어갈 수밖에 없었다.

그러나 시간이 지나면서 부동산시장에 대한 우려의 목소리가 커졌다. 먼저 건설업의 경우 인부들을 고용하기보다는 건설장비가 투입되다 보니 고용유발효과가 더는 나타나지 않게 되어 경제성장에 미치는 영향력이 떨어진 것은 물론이고, 소위 영끌을 통해 부동산을 사다 보니 가계의 부채 부담이 증가해서 소비 여력이 떨어져 경제에 악영향을 미치는 단계에 이르게 되었다.

그래서 이재명 정부는 시중 자금의 흐름을 부동산시장 중심에서 주식시장 즉, 자본시장으로 물꼬를 돌리려는 정책을 사용하고 있다. 돈의 흐름이 바뀌면 가격변수도 그 흐름에 따라 움직이게 된다. 즉, 부동산가격은 조정기에 들어가고 주식시장의 주가는 상승할 여건이 만들어지는 것이다.

대부분의 사람들은 주식시장 상승을 기대하면서 주식시장에 투자하기 시작했다. 그러나 정부 정책을 신뢰하지 않은 일부 투자자는 거꾸로 투자하기 시작했다. 과거와 같이 투자대상 상품이 많지 않은 경우 투자를 하지 않음으로써 정책불신을 드러냈지만 지금은 시장과 반대로 움직이는 수많은 상품이 출시되었다.

ETF만 하더라도 인버스, 인버스 레버리지(곱버스), 선물매도, 풋옵션매수, 풋ELW 등 다수의 선택지가 있다. 이런 상품에 투자하는 사람들은 정부 정책에 정면으로 맞서서 투자를 하는 사람들이다.

주식시장 격언 중 "정부 정책에 맞서지 마라"라는 말이 있다. 정부 정책에 맞서게 되면 그 결과는 대체로 손실로 이어진다. 그들이 가장 많이 샀다고 하는 인버스 레버리지 ETF의 주별 움직임이다.

2025년 4월 7일 이후 종합주가지수는 128%의 상승을 보였다. 그러나 곱버스에 투자한 사람들은 같은 기간 (-)85%의 손실을 기록했다. 정부 정책에 정면으로 맞선 대가로 참담한 결과를 받아든 것이다.

코덱스 200 인버스 레버리지(곱버스)

출처: 영웅문

정부 정책의 다른 형태는 산업구조와 관련된 정책이다. 최근에는 시장주도의 산업구조가 만들어지는 경우가 대부분이지만, 특정한 산업의 경우 정부가 집중적으로 지원을 한다든지 하는 노력에 의해 정책적으로 지원이 이루어지는 산업도 있다. 이들 산업이 주식시장에 주도주로 부상하게 된다. 과거 사례를 살펴보면 다음과 같다.

우리나라는 1960년대 이후 과거 섬유업과 같은 가내수공업에서 탈피해 석유화학과 철강 등 중화학공업을 주도로 경제를 발전시켰다. 그러나 당시에는 주식시장이 발전되지 못해 그 수혜를 크게 받지는 못했다.

정부의 산업 정책이 가장 극적으로 시장을 움직인 사례는 1998년 IMF 외환위기를 지나는 동안 김대중 정부는 국가주도의 초고속인터넷망에 대한 투자를 통해 정보화 사회를 구축하려고 한 것이다. 그런 정책에 힘입어 IT(정보통신)산업이 급성장하는 모습을 보였다. 그 과정에서 코스닥 버블이 나타났고, 이후 네이버, 카카오 등 인터넷 관련 기업들이 급성장하는 모습을 보였다.

이후 노무현 정부에서는 경제민주화를, 이명박 정부에서는 4대강 사업을 추진했고, 박근혜 정부에서는 조선과 해운산업의 구조조정을 했다. 문재인 정부에는 코로나19로 인한 위기를 넘기는 데 주력했고, 윤석열 정부에서는 이렇다 할 정책이 눈에 보이지 않았다.

그리고 이재명 정부에서는 크게 보면 AI(인공지능)산업과 북극항로 개척을 위한 해운산업, 그리고 미국과의 관세협정을 하는 과정에서 MASGA(Make America Shipbuilding Great Again)와 관련된 조선산업 등을 중점적으로 육성하려는 정책을 펴고 있다.

이에 따라 AI 관련 업종에서는 반도체를 비롯해 데이터센터나 AI 운용에 필요한 전력과 연관된 에너지저장장치(ESS)와 전력 관련주들이 시장 상승을 주도했다. 또한 조선주와 조선업과 밀접한 방위산업 관련주들도 시장 상승 종목 중 제일 앞줄에 자리했다. 그리고 장기프로젝트로 삼고 있는 북극항로 관련주들도 관심의 대상이 되고 있다.

정부가 가진 가장 강력한 힘은 집중적으로 육성하려고 하는 산업에 정부가 가진 재량과 재원을 집중적으로 투자할 수 있다는 것이다. 모든 산업 정책이 성공하는 것은 아니다. 그러나 정부가 팔을 걷어붙이고 달려들면 그 산업으로 돈이 몰리게 되고, 자연히 그 산업은 발전하게 된다.

산업이 발전한다는 것은 그 산업에 속해 있는 기업들의 매출과 영업이익이 평균적으로 높아지게 된다는 것을 의미한다. 정부의 산업 정책을 제대로 이해해야 하는 이유가 바로 여기에 있다.

우리는 당분간 크게는 부동산시장에서 주식시장으로 자금 흐름의 물길이 바뀌는 것을 경험하게 될 것이다. 주식시장이 더 높게 더 길게 움직일 수 있는 기본 조건이 갖춰진 것이다. 그리고 그 안에서 정부가 적극적으로 육성하고자 하는 산업이 주가 상승의 제일 앞단에서 움직이게 될 것이다.

정부 정책에 맞서는 투자자는 성공하기 어렵다. 만약 정부 정책이 마음에 들지 않는다면 예금이나 적금 등 원금보장형 상품에 투자를 할지언정 절대 반대로 움직이는 상품에 투자해서는 안 된다. 큰 파도가 올 때는 그 파도에 정면으로 맞서지 말고, 그 파도에 올라타려고 시도해야 한다.

3. 결국 수급이 모든 것을 결정한다

"수급은 모든 재료에 우선한다."

주식시장의 격언 중 가장 중요하게 생각되는 말이다. 주가도 가격의 하나다. 그래서 매수가 매도보다 더 많으면 주가가 상승하고, 매수보다 매도가 더 많으면 주가는 하락하게 된다.

즉, 아무리 좋은 뉴스가 있더라도 매수가 형성되지 않으면 상승할 수 없고, 아무리 나쁜 뉴스가 있더라도 매물이 나오지 않으면 주가의 낙폭은 제한된다. 그만큼 주가에는 수급이 결정적인 역할을 한다.

주식시장의 수급에 대해서는 많은 이론이 존재하지만, 그중 눈여겨볼 만한 것은 다우이론(Dow Theory)이다. 다우이론은 1900년대 뉴욕 월스트리트에서 활동했던 찰스 다우(C. Dow)에 의해 주장된 것인데 수급과 관련된 내용만 추려보면 다음과 같다.

찰스 다우는 시장을 강세시장과 약세시장으로 나누고 각 시장별로 3개의

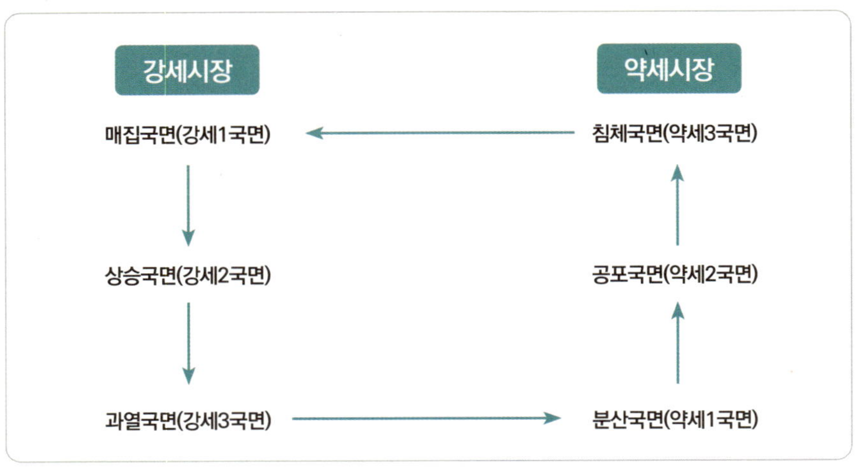

다우지수 장세별 각 국면 진행 과정

국면으로 구분해서 장세를 판단했다. 강세시장은 매집국면 ⇒ 상승국면 ⇒ 과열국면으로 진행되고, 약세시장은 분산국면 ⇒ 공포국면 ⇒ 침체국면으로 진행된다.

매집국면은 경기 상황이 호전되지 못한 상태이긴 하지만, 향후 주가 상승을 기대한 전문투자자들이 서서히 주식을 사들여 가는 국면이다. 이때 일반투자자들은 시장에 대한 공포심으로 매수는 생각조차 하지 못하는 때이다. 상승국면은 경기회복이 이루어지면서 주가도 꾸준히 상승하는 과정인데 이때 전문투자자들은 매수를 이어가지만 일반투자자들은 공포심에 주식을 매입하지 못하는 국면이다.

그리고 과열국면은 일반인들이 시장에 미친 듯이 돈을 싸서 들어오는 상황으로 주가가 급등을 보이는 국면인데, 이때 일반투자자들은 시장에 대한 자신감으로 가득 차 있지만, 전문투자자들은 공포심을 느끼면서 서서히 매도 준비를 하는 때이다.

이런 강세장을 지나고 나면 약세장으로 들어가게 되는데, 분산국면에서는 시장에 공포심을 느낀 전문투자자들이 서서히 매물을 내놓게 되고 그 매물을 일반투자자들이 자신 있게 거둬간다. 그래서 이때는 주가가 조금만 떨어져도 거래량이 급증하는 모습을 보이게 된다.

공포국면이 되면 주가가 급락하는 상황이 전개되는데 이때 전문투자자들은 공포심을 느끼지만, 일반투자자들은 이때가 물타기를 할 때라고 생각해서 자신 있게 주식을 매입하는 모습을 보인다.

그리고 침체국면으로 들어가면 주가가 큰 폭으로 떨어지지 않고 서서히 하락하는 모습을 보이는데, 손실이 눈덩이처럼 커진 일반투자자들이 비로소 공포심을 느끼는 반면 전문투자자들은 이제 주가가 더는 급락하지 않는다는 생각에 시장에 서서히 자신감을 갖게 되는 때이다.

찰스 다우는 시장이 이런 과정을 반복하면서 전개된다고 생각했다. 이를 표로 정리해 보면 다음과 같다.

다우이론의 각 국면별 심리 상태

	강세시장			약세시장		
	매집국면	상승국면	과열국면	분산국면	공포국면	침체국면
전문투자자	자신감	자신감	공포심	공포심	공포심	자신감
일반투자자	공포심	공포심	자신감	자신감	자신감	공포심
투자 전략		점차 매도	매도 완료		점차 매수	매수 완료

이런 심리 상태를 바탕으로 또 다른 기술적 분석의 대가인 그랜빌(Joseph Granville)은 앞의 표와 같은 투자 전략을 제시했다. 매수는 공포국면에서 시작해서 침체국면에서 완료하고, 매도는 상승국면에서 서서히 매도를 시작해서 과열국면에서 매도를 완료하라는 것이다. 그러나 이 전략은 그랜빌이 제시한 전략이라는 점을 알아야 한다.

다우이론을 통해 시장이 진행되는 과정에서 주식시장에서는 어떻게 수급이 흘러가는지를 이해하게 된다. 중요한 것은 전문투자자들의 수급이 시장을 주도한다는 것이다. 여기서 말하는 전문투자자들은 포트폴리오 투자를 기본으로 하는 외국인과 국내 기관투자자들이다.

주식시장이 가장 강하게 움직일 때는 외국인과 기관투자자들이 동시에 매수하는 때이고, 외국인이나 기관투자자들이 동시에 매도할 때는 시장이 더는 크게 상승하지 못한다.

최근 시장에서는 개인투자자들의 수급을 중요하게 말하는 사람들이 많은데, 외국인과 기관투자자들은 독립변수이고, 개인은 종속변수에 해당한다. 이 말은 외국인과 기관투자자들이 매수하면 개인은 매도포지션이 되는 것이고, 외국인과 기관투자자들이 매도하면 개인은 자연히 매수포지션이 된다는 말이다.

그런 점에서 개인보다는 외국인과 기관투자자들의 매매 동향에 주목해야 한다. 투자주체별 매매 동향은 다음과 같이 정리해 증권사 HTS에서 제공한다.

이런 매매 동향은 시장 전체를 볼 수도 있지만, 업종별로도 파악이 가능

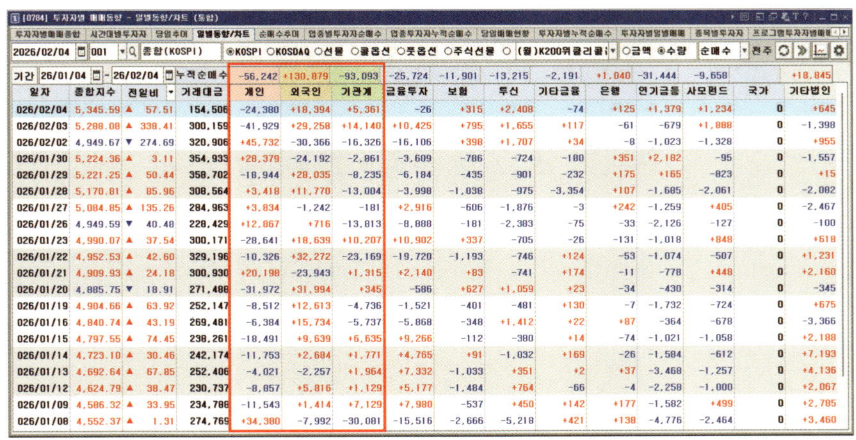

일자	종합지수	전일비	거래대금	개인	외국인	기관계	금융투자	보험	투신	기타금융	은행	연기금등	사모펀드	국가	기타법인
			누적순매수	-56,242	+130,879	-93,093	-25,724	-11,901	-13,215	-2,191	+1,040	-31,444	-9,658		+18,845
026/02/04	5,345.59 ▲ 57.51		154,506	-24,380	+18,394	+5,361	-26	+315	+2,408	-74	+125	+1,379	+1,234	0	+645
026/02/03	5,288.08 ▲ 338.41		300,159	-41,929	+29,258	+14,140	+10,425	+795	+1,655	+117	-61	-679	+1,888	0	-1,398
026/02/02	4,949.67 ▼ 274.69		320,906	+45,732	-30,366	-16,326	-16,106	+398	+1,707	+34	-8	-1,023	-1,328	0	+955
026/01/30	5,224.36 ▲ 3.11		354,933	+28,379	-24,192	-2,861	-3,609	-786	-724	-180	+351	+2,182	-95	0	-1,557
026/01/29	5,221.25 ▲ 50.44		358,702	-18,944	+28,035	-8,235	-6,184	-435	-901	-232	+175	+165	-823	0	+15
026/01/28	5,170.81 ▲ 85.96		308,564	+3,418	+11,770	-13,004	-3,998	-1,038	-975	-3,354	+107	-1,685	-2,061	0	-2,082
026/01/27	5,084.85 ▲ 135.26		284,963	+3,834	-1,242	-181	+2,916	-606	-1,876	-3	+242	-1,259	+405	0	-2,467
026/01/26	4,949.59 ▼ 40.48		228,429	+12,867	+716	-13,813	-8,888	-181	-2,383	-75	-33	-2,126	-127	0	-100
026/01/23	4,990.07 ▲ 37.54		300,171	-28,641	+18,639	+10,207	+10,902	+337	-705	-26	-131	-1,018	+848	0	+618
026/01/22	4,952.53 ▲ 42.60		329,196	-10,326	+32,272	-23,169	-19,720	-1,193	-746	+124	-53	-1,074	-507	0	+1,231
026/01/21	4,909.93 ▲ 24.18		300,930	+20,198	-23,943	+1,315	+2,140	+83	-741	+174	-11	-778	+448	0	+2,160
026/01/20	4,885.75 ▼ 18.91		271,488	-31,972	+31,994	+345	-586	+627	+1,059	+23	-34	-430	-314	0	-345
026/01/19	4,904.66 ▲ 63.92		252,147	-8,512	+12,613	-4,736	-1,521	-401	-481	+130	-7	-1,732	-724	0	+675
026/01/16	4,840.74 ▲ 43.19		269,481	-6,384	+15,734	-5,737	-5,868	-348	+1,412	+22	+87	-364	-678	0	-3,366
026/01/15	4,797.55 ▲ 74.45		238,261	-18,491	+9,639	+6,635	+9,266	-112	-380	+14	-74	-1,021	-1,058	0	+2,188
026/01/14	4,723.10 ▲ 30.46		242,174	-11,753	+2,684	+1,771	+4,765	+91	-1,032	+169	-26	-1,584	-612	0	+7,193
026/01/13	4,692.64 ▲ 67.85		252,406	-4,021	-2,257	+1,964	+7,332	-1,033	+351	+2	+37	-3,468	-1,257	0	+4,136
026/01/12	4,624.79 ▲ 38.47		230,737	-8,857	+5,816	+1,129	+5,177	-1,484	+764	-66	-4	-2,258	-1,000	0	+2,067
026/01/09	4,586.32 ▲ 33.95		234,788	-11,543	+1,414	+7,129	+7,980	-537	+450	+142	+177	-1,582	+499	0	+2,785
026/01/08	4,552.37 ▲ 1.31		274,769	+34,380	-7,992	-30,081	-15,516	-2,666	-5,218	+421	+138	-4,776	-2,464	0	+3,460

투자주체별 매매 동향

출처: 영웅문

하다. 시장이 강하게 움직일 때는 작은 호재에도 매수가 강하게 들어오고, 어지간한 악재에는 반응을 하지 않는다. 그러나 시장이 약하게 움직일 때는 작은 악재에도 매물이 쏟아지고 어지간한 호재에도 주가가 쉽게 올라가지 못한다. 결국 수급이 제일 중요하다. 수급을 모르고 투자하는 것은 눈을 감고 자동차가 달리는 큰길로 나가는 것과 같다.

한 가지 수급과 관련해서 더 알아야 하는 것은 주가가 올라갈 때는 반드시 거래량이 늘어나야 하고, 주가가 하락할 때는 거래량이 감소해야 한다는 것이다. 그래야 그 주식가격이 탄력적으로 움직일 수 있다. 만약 주가가 올라가는데도 거래량이 늘어나지 않는다면 그 주가는 크게 상승하지 못한다.

또 주가가 하락하는데도 거래량이 급증한다면 그 주가는 매물부담 때문에 반등을 쉽게 이어가지 못한다. 주가가 올라갈 때 늘어난 그 거래량이 외국인과 기관투자자들 주도라면 더욱 신뢰할 만한 수급 신호로 볼 수 있다.

4. 주식은 불안의 벽을 타고 올라간다

주가가 상승국면에 들어가서 상당 기간 상승하다 보면 투자자들은 상투에 대한 두려움에 너무 이른 매도를 하고 마는 경우가 있다. 물론 시장을 무작정 믿고 투자하는 것도 문제는 있다.

주식시장을 거시적으로 보고 투자에 나서야 하는데 막상 투자에 나서게 되면 미시적인 주가 움직임에 매몰돼서 큰 그림을 제대로 이해하지 못하는 경우가 많다. 이 말은 주가가 어느 정도 상승하면 그나마 벌어놓은 수익을 모두 챙기지 못할까 봐 두려워하는 나머지 팔지 말아야 할 때 팔고야 마는 오류를 범하게 된다.

그런 실수를 겪지 않기 위해서는 주가의 속성을 제대로 알아야 할 필요가 있다. 주가는 작용-반작용의 과정을 이어가면서 상승한다. 그 속성을 제일 강하게 주장한 사람은 엘리어트 파동이론을 설파한 엘리어트(Ralph Nelson Elliot)다. 엘리어트는 주가는 상승 5파, 하락 3파를 그리면서 움직인다고 했다.

즉, 주가가 한번 오르면 조정을 받고 또 상승하고 상승 후에 조정을 받고 또 상승한다. 하락할 때도 하락 후에 반등 그리고 재차 하락을 하게 된다. 엘리어트 파동은 다음과 같은 그림으로 이해할 수 있다.

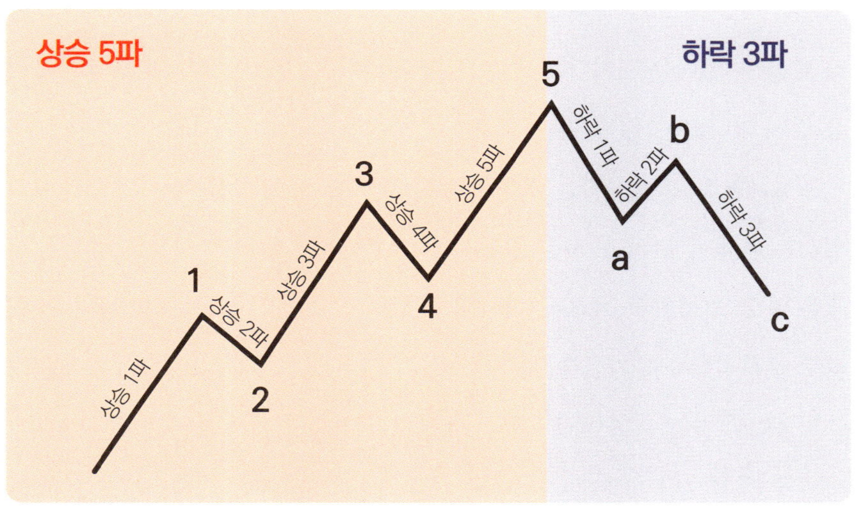

엘리어트 파동의 예

상승과 조정을 끊임없이 반복하면서 움직인다고 보는 것이 엘리어트의 기본적인 생각이다. 즉, 상승이나 하락이라는 작용이 있게 되면 반드시 반대로 조정국면이 나타난다는 것이다.

여기서 재미있는 것은 엘리어트 파동이론은 피보나치 수열을 이용해서 목표치를 계산할 수 있다는 것이다. 피보나치 수열은 1과 2에서 출발해서 앞의 두 숫자를 더하면 뒤의 숫자가 만들어지는 수열을 말한다. 즉, 1. 2. 3. 5. 8.

13. 21. 34. 55, 89…와 같이 만들어지는 수열이다.

그런데 이 수열은 앞의 숫자에서 뒤의 숫자를 나누면 0.618로 수렴하고, 뒤의 숫자에서 앞의 숫자를 나누면 1.618로 수렴한다. 그리고 뒤의 숫자에서 한 칸 더 앞의 숫자를 나누면 그 값은 2.618로 수렴하는 모습을 보인다. 그래서 1번 파동이 있고 나면 2번 파동은 1번 파동의 38.2% 또는 61.8%의 조정을 받을 수 있다는 것이다. 이런 비율을 기억하고 있으면 조정이 오더라도 여유 있게 기다릴 수 있게 된다.

조정국면 없이 상승하는 주식은 없다. 특히 조정을 받을 때 사람들의 투자심리는 흔들리게 된다. 사실 주식시장에서 정확히 바닥과 천장을 맞추는 사람은 없다. 오죽하면 "주가의 바닥과 천장은 새색시의 치마폭처럼 왔다 간다"라고 주식시장 전문가들은 말한다.

지금이야 갓 결혼한 새색시들이 예전처럼 조심성 있게 행동하지는 않지만, 과거 우리 부모님 세대에서는 새색시들이 시부모들이 깰까 싶어 소리도 내지 않고 움직였다고 한다. 그러니 새색시들의 치마폭처럼 왔다 갔다는 것은 아무도 모른다는 뜻이기도 하다.

주가는 일정한 추세를 가지고 움직인다. 그 추세는 고정된 것이 아니라 추세가 강화되기도 하고, 약화되기도 한다. 그 가운데 많은 전문가가 나와서 주가가 더 올라간다고 주장하기도 하고, 또 다른 전문가는 시장이 더는 상승하지 못하고 조정에 들어간다고 주장하기도 한다. 중요한 것은 시장에 대해서 계속 우려하는 목소리가 있다면 시장이 쉽게 꺾어지지 않는다는 것으로 받아들일 수 있다.

"주가는 불안의 벽을 타고 오른다"라는 말이 있다. 시장에서 주가 상승을 불안하게 바라보는 사람이 있다는 것은 주가의 추가 상승 여력이 남아 있다고 볼 수 있다. 주식시장의 상투는 아무도 주가 조정을 걱정하지 않고 낙관에 빠졌을 때이다. 주식투자를 한다는 것은 기본적으로 그 기업의 가치를 찾는 일이다.

그러나 실제로는 나 이외의 다른 사람들과의 게임을 하고 있다고 보는 것이 맞다. 그래서 주식투자는 경제 이해력의 싸움이 아니라 멘탈게임(Mental Game)이라고 주장하는 사람도 있다. 그만큼 주식시장을 제대로 파악하기 위해서는 시장참여자들의 심리를 꿰뚫고 있어야 하다는 말이다. 주식시장이 과거의 움직임을 반복하는 것은 돈을 벌고자 하는 인간의 욕망이 변하지 않았기 때문이다. 그만큼 투자심리를 아는 것이 중요한 이유다.

흔들리지 않고 피는 꽃은 없다. 모든 꽃은 바람에 흔들리면서 피어난다. 주식도 마찬가지다. 오르고 내리고를 반복하는 과정을 겪으면서 상승하게 된다.

월가의 전설로 불리는 존 템플턴은 주식시장에 대해 "강세장은 비관 속에서 태어나 회의 속에서 자라며 낙관 속에서 성숙해 행복 속에서 죽는다"라고 했다.

주가지수 10,000포인트를 향해 움직이는 우리 시장은 이제 막 출발점을 지나고 있다고 본다. 그리고 그 고지를 향해 움직일 때 수없이 많은 위기가 닥치게 될 것이다. 하지만, 부동산시장에서 주식시장으로 돈이 흐르는 그레이트 로테이션(Great Rotation)이 완성될 때까지는 흔들림 없는 투자를 해야 한다.

5. 주가 상승기에 더욱 기승을 부리는 주식 리딩방

휴대폰 문자를 통해 종목을 추천해 준다고 하는 광고가 늘어나고 있다. 이들은 대체로 비공개 밴드방을 열어서 회원을 모집하고 매일 시황에 대한 설명은 물론이고 종목 추천까지 해준다는 것이다. 주식투자에 익숙하지 않은 사람들이나 더 큰 수익을 생각하는 사람들이 이들의 유혹에 빠질 가능성이 크다.

2024년 말, 강의를 하고 있는 학교에서 연락이 왔다. 내가 밴드에 비공개 방을 열어서 사업을 하고 있다는 제보가 있다는 것이다. 그러나 나는 그런 일을 하지 않는다. 그래서 제보가 들어온 내용을 바탕으로 그 밴드방을 추적해 보니 사이버스캠(Cyberscam: 인터넷상에서 이루어지는 신용사기)이었다.

이들은 사람들을 밴드방으로 초대해서 강의도 해주고, 종목 추천도 해주고 또 내가 쓴 책도 보내주면서 내 이름을 도용해서 신뢰감을 형성해 나가고 있었다. 일단 회원이 되고 나면 특정 증권사에서 계좌개설을 하도록 유도하는

데, 그들이 제공하는 링크를 따라가면 계좌개설을 하는 페이지로 이동하게 된다. 그리고 그 계좌에 투자자금을 입금하고 나면 그 밴드방은 사라지는 구조였다.

다수의 피해자가 나에게 연락을 해왔다. 그들과 얘기를 나눠보니 피해 금액도 만만치 않은 수준이었다. 처음에는 이들의 사기 행위가 별거 아니라고 생각했지만 이들이 조직폭력의 범주에 들어간다는 것을 알게 되었다.

국내 조직폭력배의 역사는 4세대로 분류된다. 이들이 주로 몸담은 사업에 따라 유흥 조폭→부동산 조폭→금융 조폭으로 설명할 수 있다. 1970~1980년대 1세대형 '유흥 조폭'은 특정 지역을 장악하고 주변 상인들로부터 '자릿세'를 뜯으며 직접 유흥업소를 운영하는 등의 방법으로 몸집을 불렸다. 이른바 '전라도 3대 조직'으로 불리는 서방파·양은이파·OB파가 사회문제로 떠오른 조폭의 원조 격이다.

1990년 정부가 '범죄와의 전쟁'을 선포하면서 1세대가 몰락하고 2세대형 조폭인 '부동산 조폭'이 등장했다. 2세대는 폭력을 통한 업소갈취·이권다툼이라는 비교적 원시적인 방법에서 나아가 건설업에 진입했다. 개발 이권을 쫓아다니면서 물리력을 행사하다가 직접 사업가 행세를 하기도 했다.

2000년대 후반 등장한 3세대형 '금융 조폭'은 금융시장에 손길을 뻗치면서 기업화하려는 모습을 보였다. 전주 지역 조폭 두목 출신인 김성태 전 쌍방울 회장이 대표 사례다. 김 전 회장은 쌍방울 인수 과정에서 차명계좌를 통해 350억 원 상당의 부당이득을 챙겨 징역 3년에 집행유예 5년을 선고받았다.

4세대는 MZ 조폭으로 불리는데, 더욱 지능화됐다. 이들은 2010년대 이후 등장한 '4세대형 조직범죄'를 주도하며 폭력조직의 '허리' 역할을 하고 있다. 과거처럼 지역에서 물리력을 행사하며 세 다툼을 벌이는 모습보다는 음지에서 '돈이 되는 모든' 사업에 영역을 확장하고 있다. 폭력범죄보다는 온라인 도박장·주식 리딩방·보이스피싱 등 경제범죄를 주 무대로 삼는다.

유튜브를 통해 조폭 계보를 설명하고, 회합 사진을 개인 SNS 등에 올려 영향력을 과시하는 방식으로 조직원을 포섭하는 등 미디어에 대한 노출도 꺼리지 않는다. 실제 인스타그램에 'OO년생 모임', 'OO(생년) 조폭' 등의 키워드로 검색해 보면 '이레즈미(조폭이 자주 시술받는 문신 기법)' 문신을 하고 명품 옷·현금 다발 등을 자랑하는 게시글을 어렵지 않게 찾아볼 수 있다.

최근 MZ세대들 사이에서 1990년대생 조폭 또래 모임인 'MT5'가 화제를 모으고 있는 가운데, MT5의 '윗선'으로 추정되는 신흥 세력의 존재가 확인됐다.

1989~1990년생이 핵심인 이 조직은 경기 북부에 거점을 두고 있으며, 최근 '비즈니스 조폭'들의 수익 창구인 주식 리딩방과 해외선물 사기, 불법 토토 사이트 운영 등의 금융범죄를 저지르고 있다. 또한 이 조직은 중국에서 짝퉁 명품을 밀수해 국내에 판매하는 방식으로 허위 소득을 잡아 범죄수익을 세탁하는 등 당국의 세무조사를 회피하는 지능적인 모습도 갖추고 있다.

20~30대가 주를 이루는 이들은 과거의 조폭처럼 계보에 이름을 올리는 데 관심 없다. 그냥 돈 되는 선배라면 누구든 형님으로 인사하러 다니고 일감을 받는 거래처 관계라고 보면 된다. 이 조직은 메인급과 실무진을 중심으로 운영되는데, 친인척이 잡무를 담당하고 추가 인력이 필요할 때마다 MT5 등 20

대 조폭들에게 하청을 주는 구조로 운영되고 있다.

또한 경기 북부에 거점을 둔 해외선물 사기 범죄조직 '크레딧'이 있다. 이들은 수도권에서 활동하는 기성 조폭들의 행사장에 얼굴을 비치고 유착관계를 맺는 등 MZ 조폭계의 떠오르는 세력으로 영향력을 넓혀가고 있다.

구체적인 조직명은 밝혀진 바 없지만 주변에서는 이들을 '크레딧'으로 부른다. 이들이 해외선물 사기 범죄에 동원하는 MTS(모바일 트레이딩 시스템)인 크레딧의 명칭을 본뜬 것이다. 세간에 알려진 MT5 또한 가상화폐 거래 플랫폼 '메타 트레이더(Meta Trader)'에서 유래됐다고 한다. 이렇게 돈 거래하는 프로그램의 이름을 빌려 조직명을 대신하는 것이 MZ 조폭의 특징이다.

이들 크레딧의 해외선물 사기 수법은 해외선물로 고수익을 벌게 해주겠다는 내용의 문자 메시지를 무작위로 발송한 다음, 흥미를 보이는 피해자를 카카오톡이나 텔레그램의 '수익 인증방'에 초대하고 크레딧을 원격으로 설치해준다. 그리고 MTS에 나오는 각종 지표를 조작해 피해자가 돈을 잃은 것처럼 속이고는 투자금을 전부 빼돌리는 방식이다.

이 밖에도 수익 인증방에서 조직의 리딩 덕분에 돈을 벌었다면서 허위 계좌를 공개하는 바람잡이를 따로 두고 있다. 이런 방법으로 이들이 얻는 수익이 상당하다고 한다.

과거 크레딧의 현금전달책으로 일했다는 사람의 말을 빌려보면 "돈 배달을 갈 때마다 이마트 쇼핑백 4~5개씩은 전달받았다. 그 안에 5만 원권이 가득 차 있었는데 개당 1억 원씩은 될 거다. 그런 돈이 상선에서 하선으로 수차례 옮겨졌다"라고 했다. 이 조직은 경찰의 탐문수사 끝에 몇 차례 덜미를 잡힐 뻔한 적이 있었는데 그때마다 빠져나온 전력도 있다.

"사무실 컴퓨터는 무조건 외장하드로 돌린다. 조사가 들어올 것 같으면 위에서 카카오톡으로 숫자 하나를 찍는데, 그건 자료를 폐기하라는 신호다. 그러면 사무실의 직원들이 외장하드 선을 뽑아버린 뒤 자료를 폐기해서 흔적을 모두 지운다."

이렇게 돈을 버는 MZ 조폭은 SNS로 세력을 과시한다. 이들의 무용담은 아프리카TV나 유튜브 등을 통해 조폭 콘텐츠로 제작되기도 한다. 고급 승용차를 몰고 다니며 위세를 뽐내는 점도 이들의 특징이다. 관심을 받는 데 주저하지 않는다.

이들의 또 다른 특징은 의사결정권자를 '두목'이 아닌 '회장'으로 부르고 조직 운영 자금은 조직원이 각자 내는 '더치페이' 형식으로 충당한다. 수직적으로 돈을 걷어 두목이 다시 배분하는 형태가 아닌 일종의 수평적 동업 형태인 셈이다.

MZ세대의 사기범죄가 급증하는 데는 진화한 정보기술(IT)과 플랫폼의 등장이 큰 영향을 미치고 있다. SNS, '숏폼'(짧은 영상)을 통해 범죄 수법을 배우고, 주식투자 리딩방과 불법 도박사이트 활용 및 코인 지갑 만드는 일에도 밝아 이른바 '사이버 사기' 행각을 벌이기가 한결 수월해졌기 때문이다.

이런 사이버 사기는 상대적으로 수익률이 부진한 사람이나, 남들보다 짧은 시간에 더 큰 수익을 올리는 사람들의 조급함을 파고든다. 주식시장이 활황을 보이면 사람들의 계좌수익률은 천차만별이 된다. 큰 수익을 낸 사람, 상대적으로 중간 정도의 수익을 낸 사람, 수익을 전혀 내지 못한 사람, 오히려 크게 손해를 보게 되는 사람으로 나눠지게 된다.

큰 수익을 낸 사람들 이외에는 모두가 자신을 불행한 사람으로 생각하게 된다. 그런 심리 상태에 있는 사람들에게 달콤한 유혹으로 다가가는 것이 이들의 전략 포인트가 된다. 나는 절대로 그런 수법에 당하지 않는다고 자신해서는 안 된다. 내가 인지하지 못하는 상황에 이미 당해버리는 경우도 많다.

우리 시대 최고의 투자 현인은 워런 버핏(Warren Buffet)이다. 그는 단호하게 말한다.

"스스로 사고하고, 스스로 판단할 능력이 없는 사람은 절대 투자를 해서는 안 된다."

투자수익률이 남들보다 부진한 것도 속상한 일인데, 거기에 사기까지 당하게 된다면 낭패다. 내 귀에 속삭이면서 다가오는 모든 사람을 경계해야 한다. 그런 속삭임은 강세장에서 더 은밀하고 깊게 다가온다.

황소도 벌고, 곰도 벌지만 돼지는 벌지 못한다

주식시장의 상징 구조물은 Bull & Bear(불 앤 베어)상이다. 이는 황소가 성난 뿔로 곰을 들이받아서 자빠뜨리는 것을 형상화한 것이다. 뉴욕 월가에도 있고, 우리나라 한국거래소 안에도 있다.

황소는 싸울 때 뿔을 위로 치받으면서 상대를 공격한다. 그래서 주식시장에서는 주가가 올라가는 강세장을 황소에 비유한다. 반대로 곰은 싸울 때 앞발을 들어 내려치면서 상대를 공격한다. 그래서 곰은 주가가 하락하는 약세장을 의미한다. Bull & Bear상의 의미는 강세장이 약세장을 이기라는 투자자들의 소망이 담긴 조각상이다.

황소도 벌고, 곰도 번다는 뜻은 강세장에서 투자자들은 주식매수를 통해서 수익을 낼 수 있고, 약세장에서는 주가 하락 시에 돈을 벌 수 있는 상품을 통해서 수익을 올릴 수 있다는 것이다. 지금은 너무 많은 상품이 출시되어서 주가 상승기에 수익을 배가할 수 있는 상품도 있고 마찬가지로 주가 하락기에도 수익을 배가할 수 있는 상품이 있다.

그런데 여기서 돼지는 벌지 못한다는 말에 주목해 봐야 한다. 돼지는 주가 상승이나 하락에 대한 정확한 판단 없이 그저 돈을 벌려고만 욕심을 내는 사람을 뜻한다. 욕심에 눈이 먼 사람들은 절대 주식시장에서 돈을 벌 수 없다.

투자심리학에서 볼 때 사람들의 욕심은 다른 사람의 성과와 비교하면서 나타나는 경우가 많다. 우리의 불행은 남들과 나의 경제력을 비교하는 과정에서 싹이 튼다. 나는 30평 아파트에 사는데 내가 아는 사람은 45평 아파트에 산다면 나는 상대적으로 불행하다. 그렇게 생각하지 않아도 되는데 우리는 굳이 비교를 하면서 스스로 불행을 자초하는 것이다. 이런 심리 상태에서는 욕심이 생겨난다.

우리 주식시장은 과거에도 큰 장이 선 사례는 많았다. 1980년대 3저 호황에 힘입어 역사상 처음으로 1,000포인트에 올랐던 때, 그리고 1994년 차별화 장세 속에 1,150포인트까지 올랐던 때를 비롯해서 IMF 외환위기 이후 코스닥 버블, 중국의 성장과 함께 나타난 2000년대 중반의 시장, 그리고 코로나19 때 나타난 동학개미운동, 지금 진행 중인 코스피 6,000 시대 등이다. 그런데 장이 마무리되고 보면 돈을 번 사람보다 돈을 잃은 사람들이 더 많다는 점이 문제다. 그 이유는 자신의 능력을 넘어서 무리하게 투자하기 때문으로 분석되고 있다.

남들보다 더 빨리 그리고 더 많이 돈을 벌기 위해 종목을 자주 옮겨 다닌다든지, 빚을 내서 위험한 종목에 투자하는 등의 행동이 부작용을 일으키는 것이다. 투자를 멈추고 수익실현을 해야 할 때 좀 더 수익을 내기 위해 팔 기회를 놓쳐서 오히려 수익을 모두 까먹고 오히려 손실을 보는 경우가 허다하다.

"지피지기(知彼知己) 백전백승(百戰百勝)"이란 말은 알아도 "지피지기(知彼知己) 백전불태(百戰不殆)"라는 말은 낯설다. 전쟁에 나설 때 현명한 장수는 백전백승보다는 백전불태를 택한다.

장수가 싸움에 나가서 백전백승하는 것이 좋은 것 아니냐고 반문할 수 있다. 그러나 내가 모두 전쟁에 이겼지만, 그 승리 과정에서 치명적인 상처를 입는다면 그 싸움은 진정으로 이겼다고 볼 수 없다. 백전불태는 나를 알고 적을 알면 백번을 싸워도 내가 위험에 처하지 않는다는 것이다. 전쟁에서 이기고 지는 것은 늘 있는 일이다. 그러나 내가 지더라도 위험에 빠지지 않는다면 훗날을 도모해 볼 수 있다.

주식투자도 마찬가지다. 돈을 버는 것이 물론 중요하지만, 그 과정에서 내가 큰 낭패를 볼 수 있는 상황을 넘어서야 실패를 피할 수 있다. 낭패를 보게 되는 원인은 평정심을 잃고 조급하게 투자할 때다. 내 조급함은 남들과 비교함으로써 나타나게 된다.

『초한지』를 보면 한나라 고조 유방을 도와 천하를 통일한 많은 공신 중 대부분의 사람들이 죽임을 당했다. 대표적인 사람이 한신이다. 천하통일 이후 논공행상을 할 때 서로 높은 자리를 탐하던 사람들은 모두 제거되었다고 봐야 한다. 그런데 전쟁 사령부인 막사에 앉아서 천 리 밖의 전황을 지휘했다고 하는 한고조 유방의 책사 장자방 장량은 천하통일 이후 모든 벼슬을 내려놓고 자신이 수양하던 도장으로 사라졌다고 한다. 유방의 주요 공신들 중 목숨을 건진 몇 안 되는 사람 중 하나가 바로 장량이었다.

사라진 장량의 도장에는 다음의 글귀가 있었다고 한다. "지지(知止)." '멈출 줄 알아야 한다.' 투자도 마찬가지다. 내가 무리하지 않게 투자하고 또 투자를 적당히 멈춰서 내가 거둔 수익을 실현할 줄 알아야 한다. 그리고 수익을 거둔 이후에는 반드시 쉬어야 한다. 그래야 진정한 멈춤이 된다.

반복해서 말하지만, 이번 시장은 사람들이 생각하는 것보다 더 강하고 더 장기적인 상승장이 될 가능성이 크다. 그러나 모든 투자자가 성공에 이르는 것은 아니다. 진정한 투자의 승자가 되기 위해서는 좋은 주식을 고르는 것이 첫 번째이겠지만, 욕심내지 않고 수익을 잘 내는 심리 상태를 가지는 것도 그만큼 중요하다.

노자의 도덕경에 다음과 같은 글귀가 있다.

"지족불욕(知足不辱) 지지불태(知止不殆) 가이장구(可以長久)."

만족할 줄 알면 욕되지 않고, 그칠 줄 알면 위태롭지 아니하니 길이 오래도록 편안할 수 있다.

『대박주식 쪽박주식』을 통해 모두가 행복해하는 큰 장에서 돼지는 되지 말자.

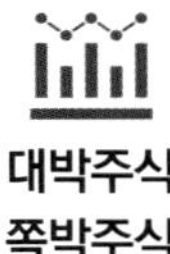

대박주식
쪽박주식

대박주식 쪽박주식

© 강병욱, 2026

1판 1쇄 인쇄__2026년 3월 10일
1판 1쇄 발행__2026년 3월 20일

지은이__강병욱
펴낸이__홍정표
펴낸곳__글로벌콘텐츠
　　　　등록__제25100-2008-000024호

공급처__(주)글로벌콘텐츠출판그룹
　　　　대표_홍정표　이사_김미미　편집_백찬미 남혜인 홍명지 권군오　기획·마케팅_홍민지
　　　　주소__서울특별시 강동구 풍성로 87-6
　　　　전화__02) 488-3280　팩스__02) 488-3281
　　　　홈페이지__http://www.gcbook.co.kr
　　　　이메일__edit@gcbook.co.kr

값 20,000원
ISBN 979-11-5852-625-2　13320